JN005388

親から始まる

「正解のない時代」を生き抜く世界基準の子育て

アイシャ・レバイン
Aishah Levine

双葉社

My heart four chambers has
There's room for a voice of my own
And space to make choices all mine
A spirit of hope for the world
And love for my native land

Ross Levine

はじめに

「大人の私でさえ、こんなにはっきり他人に意見を言えません」

私が運営するYouTubeチャンネル「バイリンガルベイビー」に寄せられた当時4歳の息子アレックスに対する視聴者からのコメントです。

5年前、自然な日常英会話を日本人に紹介したいという想いからYouTubeチャンネルを開設しました。動画には英語と日本語の字幕をつけ、生きた英会話が学べるチャンネルを目指しています。

日本人の夫とアメリカ人の妻である私、そして2人の子どもの日常生活を映した動画では、主体性を尊重した子育てがいろんなシーンに現れています。私にとっては見慣れた光景ですが、日本人の視聴者から様々なコメントや質問をいただきます。最も多い質問は、息子のアレックスが「自分の意見を言えるようになった方法」についてです。

子どもの意見と主体性を尊重した子育ては欧米では珍しくありません。特に私の場合、父がユダヤ人なので私も常に意見を求められ、自分の決めたことを否定されず尊重されてきました。

しかし、日本人の方の目には、こうした子育ての姿勢が新鮮に映るようです。アレックスがまだ3歳の時に、義父からも「アイシャ（親）とアレックス（子ども）が対等に話して、アレックスが恥ずかしがらずに意見を伝えようとしていることに驚いた」と言われました。「日本人の子育てと違う。大人になったら、きっとそのスキルが必要になるね」とも言われました。

確かに、２００２年に私が日本で働きはじめた時、多くの日本人が自分の考えを強く主張しないことに気付き、かなり驚きました。「人の前で話すのが苦手だから」や「協調性が必要だから」など、その理由は様々だと思います。

しかし、自分の意見を周りと共有することによって、みんなに新しい気付きを与えることもできます。その気付きがどのようなものであれ、変化をもたらしてくれる良いものであることを理解しなければなりません。

意見を持っているのに周りに伝えたくないという問題は、日本企業のグローバル・ビジネス進出にも非常に影響します。グローバル・ビジネスにおいて、主張をする力は不可欠です。意見を述べない人は、海外では一番不利な立場に置かれます。言い方はよくないかもしれませんが、利用されやすいのです。ビジネスにおいて、意見を持っていない人、もしくは意見を述べられず黙って聞く人は、交渉やプレゼン、電話会議などを上手くこなせません。

意見をはっきり伝えられるかどうかは、いわゆる国民性等による部分もありますが、それ以上に育てられた環境に大きく左右されると私は思います。前向きな議論や意見交換を促される家で育った子どもは、当然、家の外でも意見を言えるようになりますよね。それに気付いているYouTubeの視聴者から、いろんな質問をいただきました。だからこそ私は、日本人の親が家で実践できる、「子どもが自分の意見を持ち、はっきり伝えられる子育て法」をどうしても考えたかったのです。

第1章で詳しくお伝えしますが、日本の教育とアメリカの教育、それぞれの良い面と悪い面を私は見てきました。日本の教育についてすべてを理解しているとは言いませんが、確かに今までの日本の教育のままであれば、「自分の意見を持ち、はっきり伝える」力を育てることは難しいように感じました。

YouTubeを始めてから、私は視聴者の皆さんとほぼ毎日、子育てについて熱く語り合ってきました。そのなかで、日本とアメリカでは教育や子育てに大きな違いがあることに気付かされました。それはアメリカと比べて、**日本では教育においても、子育てにおいても「主体性」や「積極性」を学ぶ場が少ない**ということです。

２０２０年度からの日本政府の教育改革により、学校ではこれから「主体性」や「積極性」に重きを置いた教育が行われるようになります。そのため教育の場においては、それほど心配していません。ただ、学校だけでは「主体性」や「積極性」を身に付けるのは難しいのが事実です。欧米では、学校だけではなく、家庭や社会全体で子どもの意思や主体性を尊重しているからこそ、子どもたちは幼い頃からその力を身に付けることができるのです。

しかしながら、欧米の子育てをそのまま取り入れても日本では上手く作用しないのではないかと思い、アレックスとオリビア2人の子育てを通して、日本人向けのメソッドを発案しました。

そして、その子育て法に「レバイン・メソッド」という名をつけました（この子育て法は父からインスパイアされた部分が非常に大きく、父と私をつなぐ名前である「レバイン」の名を付けました）。

レバイン・メソッドの目的は、**「自分で考え、恥ずかしがらずに伝えきる力」**を伸ばすことで、**どんな国でも、どんな分野でも、どんな状況でも、自分らしく生きていける**ようになることです。

「レバイン・メソッド」の詳細は、本書の第2章以降に説明しますが、このメソッドが他の子育て法と大きく異なる部分があります。

それは、**親から始まる子育て法**だということです。

つまりは、親自身が世界を意識して見ることで、子どもと一緒に多様性や主体性、積極性を身に付け、成長できるということです。

「難しそうだな」と身構えずに本書をお読みいただきたいです。レバイン・メソッドの基礎さえ把握すれば、どなたでもすぐに実践ができるからです。

実際に我が家では、朝起きてから夜寝るまで子どものいろんな場面で活用しています。

2020年に奥深いレバイン・メソッドを理解していただけるように、絵本の読み聞かせの時間に特化した「レバイン・メソッドが実践できる絵本」『My Moon, Your Moon』を自費出版しました。ありがたいことに、11時間で約２０００冊が完売しました。完売したこと自体ももちろん嬉しかったのですが、何よりも嬉しかったのはメソッドそのものについていただいた次のようなコメントでした。

「絵本の読み聞かせの時間以外で、1日を通じてどのようにレバイン・メソッドを活用できるかを教えてほしい。どうやって自分の子どもに意見を持ってもらい、恥ずかしがらずに伝える力を伸ばせるかもっと知りたい。」

その言葉にお応えすべく、本書ではあらゆる子育ての場面において、どのようにレバイン・メソッドを使い、お子さんの「自分の意見を持って、恥ずかしがらずに伝えきる力」を伸ばせるかを詳細にご紹介します。

最後にお伝えしないといけないことがあります。私は教育者でもなく、幼児教育の専門家でもありません。レバイン・メソッドは、私が**外国人として、日本で働くグローバルビ**

ジネスパーソンとして、そして一人の親として考えた子育て法です。この3つの視点をもって、毎日子育てをしています。その中で、子どもがグローバルに活躍できるようになるには「自分の意見を持って、恥ずかしがらずに伝えきる力」というベースが必要というところにたどり着きました。本書が同じゴールを持っている方の参考になれば嬉しいです。

CONTENTS

第2章 子どもの考える力を育てる「レバイン・メソッド」

第3章 「レバイン・メソッド」を行う前に

第4章 朝から夜まであらゆる場面で使える「レバイン・メソッド」

第5章　「レバイン・メソッド」実践者インタビュー・Q&A

第1章 理想の教育と子育てとは？

学ぶことの大切さを理解している日本人

アレックスが生まれる前のことです。私は父とともに福岡にある夫の実家を訪れていました。そこで私と父は思いもよらない光景を目にしました。休み中にもかかわらず、義姉の3人の子どもたちが、集中力を切らさず、宿題に取り組んでいたのです。また周りの大人たちも、「今は学校でこういうことを学んでいるんだね」と純粋な興味を持ちながらその姿を見守っており、そうした姿勢にも驚きを隠せませんでした。

義姉の子どもたちは地方の公立学校に通っており、とりわけ教育熱心な家庭というわけではありません。いかにして日本では幼い頃から「学ぶことの大切さ」を身に付けているのかを目の当たりにした体験でした。

アメリカの場合、学期と学期の間は文字通り「休み」です。サマーキャンプに1、2週間行く子どももいますが、宿題はなく、基本的には家にいてぼーっとしたり、友人と遊んだりします。

だからこそ休み中にもかかわらず、嫌がることなく宿題に取り組んでいる子どもたちの姿に、私と父は「なんだこれは?」とびっくりしたのです。

アメリカの中でも、アジアには教育や教養を大事にする文化があることが知られています。これはただのステレオタイプ(先入観)ではありません。ハーバード大学によると、アジア系アメリカ人の生徒は学校での成績が良く、全国共通テストの点数も高く、難関大学への進学率が高い傾向にあります。主にあげられているのは、次のような要因です。[1]

・子どもたちの成功は、生まれ持った才能ではなく、勤勉さによるものという考え
・「教育」を何よりも優先させる考え
・先生など教育者への尊敬

アジア系アメリカ人の家庭では、「教育」と「学ぶこと」が非常に大事であるという考えが浸透していることが研究結果で明らかにされています。

アメリカで生まれ育った私は、日本人を含むアジア系アメリカ人がＳＡＴ®やＡＣＴ®（アメリカの大学進学希望者を対象とした標準学力テスト）などで好成績を収めたり、数学や科学のコンテストで表彰される姿をずっと見てきました。

そして、大学卒業後に日本で働きはじめた時に、改めていかに教育と学ぶ大切さが日本の文化の中心であるかを実感したのです。

私が日本で初めて働いたのは、京都府亀岡《かめおか》市役所の「生涯学習課」でした。日本に来るまでは、「生涯学習」という言葉を知りませんでした。アメリカの市役所には、こういう部署がないので、「一生学び続ける」ことをテーマにした部署が役所にあることに驚きました。

当時習っていた茶道でも感じたことですが、日本には「終わりのない学び」が自然に根付いています。何年学んだとしても、さらに上の先生と先輩がいて、その人を尊重して学び続けます。

外国人だからかもしれませんが、何かを学ぶ時、つい「終わり」を知りたくなってしまいます。茶道で言うと、盆点前《ぼんてまえ》ができるようになったら、次は何なのかとすぐ気になります。先輩たちの濃茶のお点前を見た瞬間に「私もやりたい！」と思いました。しかし、最初に学ぶ「盆点前」さえできていなかったので、先生が温かく微笑みながら「まだまだその前に学ばないといけないことがたくさんあるよね」と諭《さと》してくれました。

「これこそ本当の日本だな」と、改めて日本の文化を尊敬し、他の生徒さんたちと同じペースで茶道を学んでいきました。

日本の会社でも「学ぶ」大切さが根付いている印象を受けます。会社にもよると思いますが、私が今まで働いていた環境では、自分より先を進んでいる先輩たちが、後輩と競争せずに優しく教えてくれました。競争社会であるアメリカでは、あまり考えられないことです。

私がずっと日本の企業に勤めているのは、「次の世代に常に知識を与える」という前提があるからです。また「教えてもらったことを、今度は私が後輩に伝えたい」という気持ちもあります。

そして日本人が「教育と学び」をどれほど大切にしているかということを最も強く実感したエピソードは、実は最初に日本に来た時のことです。広島修道大学への留学が決まり、広島に引っ越す前に大好きな日本人の親友と会うことになりました。彼女の実家に泊まる話で盛り上がっていたのですが、その中で「そういえば弟が受験勉強中なので親に相談するね」と言われました。

多くのアメリカ人には、「家族の試験のために自分の人生やルーティンを変える」という発想がありません。そのため私が泊まることによって、一生懸命勉強している彼女の弟にどのような影響を与えるのか考えが及びませんでした。別の友達からも、日本人は受験する人が勉強に集中できる環境を整えるため、家族全員で協力することを聞かされました。ここまで教育を大事にする文化を知り、私は日本に対する尊敬をさらに深めたのです。

しかし、その数年後に、あまりポジティブではない意味で日本の教育について驚きました。仕事で、公立の小中学校の授業を見学する機会が何度かあったのですが、先生がずっと説明を行うだけの一方的な授業が行われていました。

また子どもたちも質問したいと思っているようには見えず、授業で教わっていることに対して「なぜ?」と尋ねるところは一度も見かけることができませんでした。

子どもたちの「なぜ?」という発想は、一番貴重なものと言っても過言ではないと私は思います。

先生からの一方向の授業ばかりだと、生徒たちのディスカッション力と自分の意見を主張する能力が育ちにくいのではないか、と様々な教室を回りながら考えていました。

主体性・積極性を重んじるアメリカの教育

一方の欧米では、対話式の授業が行われています。もちろん理科や数学などの答えが決まっている授業では、日本と同じように問題を出したり、解き方を教えたりします。しかし、国語や社会学の授業においては、常に意見を求められ、教室内での会話や議論、ディベートが活発です。

どのようにアメリカの子どもたちが「正解のない質問に対する答え方」や「自己表現の仕方」を学んでいくか、彼らが幼い頃から慣れ親しんでいる学校行事の中から、代表的なものを4つご紹介します。

①Show and Tell（ショー・アンド・テル）
②Career Day（キャリア・デー）
③ボランティア活動
④課外活動

①Show and Tell（ショー・アンド・テル）

簡単に言うと、クラスのみんなの前で何か1つを発表するアクティビティです。テーマはその時々によって変わりますが、一定時間内に話をまとめたり、質問に答えたりするのはなかなか大変なことです。

Show and Tellを実際に経験したことのない方にとっては想像しにくいと思いますので、例をあげます。

事前に先生から与えられたテーマ（例えば「恐竜」）に沿って、家から何かを学校に持っていきます。アイテムはもちろん自分で選びます。そしてクラスの皆の前で発表します。

❐Carlosくん（5歳）：今日は僕の大好きな恐竜のぬいぐるみを持ってきました。パパが去年、出張で買ってきてくれたぬいぐるみです。名前は「Bobby」です。目が大きいでしょう！　それはいつもお腹がすいていて、常にご飯を探しているからです。僕は恐竜が大好きだからBobby以外にもたくさん恐竜のぬいぐるみを買いたいけどママがいつも「欲張ってはだめよ」と言って、今のところはBobby以外買ってもらえてないんだ。

❏先生：（拍手する）Carlosくん、ありがとう。とてもおもしろかったわ。質問がある人はいますか？（なければ先生が例として1つ質問を投げかける）じゃあ、私から1つ聞いていいかしら？　Bobbyはどういう恐竜なの？　怖そうだけど人間を食べるのかな？

❏Carlosくん：アンキロサウルスだよ。でも人間を食べるかどうかはわからないね。うちでは僕があげたものを全部食べてくれるけどね。

❏先生：（笑顔で頷く）全部食べてくれるの？　それはえらいね。

❏Lucyちゃん：（手を挙げる）私も聞いていい？　Bobbyと一緒にお風呂に入るの？ぬいぐるみはお風呂に入れちゃいけないから、どうしているのかなと思って。

❏Carlos：お風呂には一緒に入らないので、いつもベッドで待っていてくれるよ。

この流れを10分ぐらい続けます。「Show and Tell」の目的の1つは、子どもに何かについての知識を植え付けることではなく、一から自分が考えたことを人前でとにかく話すことにあります。

その他にも「Show and Tell」には大事な要素がたくさん詰まっています。

プレゼンテーション能力

人前で話すことに慣れ、自分の意見をはっきりと言う力が育ちます。「Show and Tell」を何度も体験しているアメリカ人は、大人になった時にプレゼンテーションや面接の場でもさほど緊張することがありません。

自己肯定感

自分の「好きなもの」や「大切にしているもの」について話すことで、自己に対する理解が深まり、また聞いている人たちに共感してもらうことで自己肯定感が高まります。さらに、「Show and Tell」の前提は「否定しない」ことであるため、よりいっそう自分の在り方を肯定的に受け取ることができるようになります。

多様性の理解

前段でお伝えした通りShow and Tellでは、話している人のことを「否定しない」という暗黙のルールがあります。なぜかというと人前に立って話すことは、子どもだけでなく誰でも少し緊張することだからです。ネガティブなコメントが出た時には先生がフォローして、否定的にならないように気を配ります。

例えば、「それはつまらないよ」と別の生徒が言ってしまったとしましょう。「失礼だよ」と指摘するのではなく「○○くんにとってはつまらないかもしれないけど、○○ちゃんにとっては面白いから、『つまらない』と決めつけられないよ。みんな好みが違うんだよ」とフォローします。

また、プレゼンテーションを聞いている生徒たちが、「自分の考えと違う」と気付くこともしばしばあります。他の人たちの意見を聞くことで、いろいろな意見があり、違う意見であっても堂々と発表していいのだということを理解できるようになります。

息子のアレックスが通っている日本語の幼児教室は小学校受験をする子どもも通っているのですが、彼らのレッスンに「Show and Tell」を取り入れてもいいかもね、と教室の先生に言われました。

受験では面接官が定型の質問と合わせて、受験生にとって思いもよらぬ質問をしてくることがあるそうです。すると、ほとんどの子どもが答えに詰まってしまうのだとか。

しかし、「Show and Tell」を何度も行えば、もちろん質問されることにも慣れますし、自分で考えて意見を伝える力も養われるため、簡単に答えられるようになるはずです。

「バイリンガルベイビー」のYouTubeチャンネルにもShow and Tellの動画があるので、こちらもぜひ参考にしてみてください。

② Career Day（キャリア・デー）

アメリカの多くの学校では「Career Day」という行事があります。学校によって実施の形は様々ですが、将来何になりたいかを真剣に考えさせてくれる大事な行事です。

どのように行われているかというと、ある学校では親の仕事について親自身やその子どもがプレゼンをします。また別の学校では、子どもたち自身に将来なりたい仕事について考えさせ、Career Day当日にはハロウィンのようになりたい仕事の衣装を着て、その仕事についてプレゼンをします。

Career Dayには、プレゼンテーション能力を高める効果もありますが、それ以上にもっと大事な意味があります。将来「**どういう自分になりたいか**」ということを考えるきっかけを与えることです。

「自分」について考えさせることはアメリカの伝統教育です。「Career Day」は、アメリカ人が幼い頃から無意識に身に付けている「アイデンティティ」について初めて真剣に考えさせられる機会でもあります。

当然、他の人の発表を聞くことにより、「こんなにたくさんの仕事があるんだ！」や「人それぞれの生き方がある！」という気付きも与えられるので、いろんな意味で非常に素敵な行事です。

特に日本は移民が少なく、学校内での多様性が海外より少ないと思います。様々な意見に触れる機会を増やすために、Career DayやShow and tellを取り入れてもいいと思います。

③ボランティア活動

小学校から大学まで、多くの学校でボランティア活動がカリキュラムに含まれています。幼い頃からボランティア活動を行うと様々な利点があります。

他人への思いやりを学ぶ

本書の第3章で詳しくお話しするため、ここでは割愛します（122ページ）。

世界観が広がる

自分とは違う状況を自分の目で直接見ることで、視野が広がります。

感謝の気持ちを身に付ける

世界中には貧困などにより毎日食事をとることができない人々がたくさんいますが、普段生活していると、そのことになかなか気付くことができません。しかしボランティア活動を通して、その事実に直面することによって「毎日ご飯を食べられること」など、自分が当たり前と思っていることに対して感謝の気持ちを持つことができます。

目的意識を高める

英語では“a sense of purpose”といいますが、近年非常に注目されている言葉です。２０１７年、ハーバード大学の卒業式ではFacebookのＣＥＯマーク・ザッカーバーグが、マサチューセッツ工科大学の卒業式ではAppleのＣＥＯであるティム・クックが偶然にもこの「目的意識」についてスピーチを行いました。マーク・ザッカーバーグはその中で「私たちの世代の課題は、誰もが目的意識を持てる世界を作ることです。目的意識とは、自分が何かの一員として必要とされており、そのために働くことでよりよいものを作っていけるという感覚です。それは真の幸せを作り出すのです」と述べています。

ボランティア活動を行うことは、まさにこの目的意識を高めることができます。困っている人のために、社会のために、自分は何ができるのかと考えることは、目的意識を持ちよりよい世界を作ることにつながります。

自分の行動を振り返る

自分の日常の癖や行いについて、誰しもあまり意識していないと思います。しかし、ボランティア活動をすることは自分の普段の行いについて考えさせてくれます。例えば、ゴミ拾いのボランティアをしていると、自分はポイ捨てをしないでおこうと考えるかもしれませんよね。

こういった様々な理由で多くのアメリカの学校では積極的にボランティア活動を取り入れています。

④課外活動

日本の大学に留学した時、アメリカと日本の課外活動がかなり異なることに気付きました。その違いをご紹介します。

私は広島修道大学で一時期空手部に参加していたのですが、印象に残ったのは次の4点です。

・集まる頻度が高い
・空手に真剣に取り組んでいた

・先輩と後輩の上下関係が成り立っていた
・カラオケや飲み会など課外活動以外での集まりも多く、友達のような関係だった

日本に来たばかりだったので、言葉の壁のせいで気付けなかった点も多いと思いますが、主にこういう印象を受けました。

一方、アメリカの課外活動の特徴は次の通りです。

2つ以上の課外活動を行う生徒が多い

大学の入学願書を出す時に、「参加している課外活動をすべて記入してください」という項目があるぐらい、複数の課外活動への参加が求められます（多すぎるのもよくありませんが、2つ以上が望ましいとされています）。

リーダーシップを学べる

部長、副部長、書記、会計など課外活動では多くの役割があります。自分がどんな役割を果たしたかは、入学願書のエッセイでも重要視されます。

また、「リーダー」に必要とされるスキルは、少し考えただけでも次のようなことがあげられます。

・コミュニケーション力（人の意見を聞くことや自分の意見を主張すること）
・プロジェクトの推進力と実行力
・経営の知識
・目標設計

こういうスキルは、なかなか教室で学ぶことができず、何かの目的に向かって一緒に動く集団に入ることによって、少しずつ学べるスキルです。さらにリーダーは「自分自身を理解する」必要があります。そのため課外活動を通して、自分の強みや弱みが見えてきて、将来の成功のために不可欠な「自分探し」もできるようになります。

課外活動に取り組む理由が日本と違う

高校での課外活動は、新しい興味を探求し、様々なことに挑戦し、生徒が何に情熱を傾けているかを知るための最良の機会の1つと考えられています。言い換えれば、生徒が「自分自身」や「何に突き動かされているのか」をよりよく知るための素晴らしい手法です。だからこそ、大学は志願者の課外活動に関心を寄せるのです。

地域の特徴を取り入れた課外活動もある

農家の多い学区では「4-H Club」という組織があり、リーダーシップだけでなく農業におけるビジネススキルも学べます。

また多くのヒスパニック（ラテン系のアメリカ人）の高校生は、ヒスパニックの文化をより広げるため、そして同じヒスパニックの同級生と経験を共有するために、「Latino Club」や「Hispanic Club」にも参加します。もし学校にそういうクラブがない場合には、生徒たちが進んで作ることもあります。

このような課外活動は、それぞれの地域が抱えている問題について考えさせる大事な役割も果たしています。

課外活動を途中で変えられる

日本では途中で変えることはあまりないと聞きましたが、アメリカではその時の将来のゴールや理想像に合わせて自由に課外活動を変えてもかまいません。そのため、課外活動は「生徒のアイデンティティを築いてくれる」と言っても過言ではありません。

※アイデンティティについては本書の第2章以降をご参照ください。

ちなみに私は、Future Business Leaders of America（ＦＢＬＡ）というグループに入っていました。ＦＢＬＡでは、試験を通してビジネスの一般知識を身に付けることができます。それに加えて、数多くのスピーチやプレゼンテーションの競技会に出ることにより、プレゼン力、人を説得するためのスピーキング、論理的思考などを鍛えてくれるクラブです。地域レベルから州レベル、そして全国レベル（Nationals）まで競技会があります。Nationalsで勝利した学生は、社会人顔負けのプレゼン力を有しています。

アメリカでは様々な学校行事を通して、どのように子どもの主体性を伸ばし、「一個人」として意見を主張できるようになる教育を行っているかご紹介しました。しかしながら、アメリカの教育制度に問題がないとは言えません。

学校の資金不足や高い退学率、卒業前に妊娠する生徒の多さ、薬物の乱用などが問題点にあげられます。これらの根底には、おそらくアメリカ全体が抱えている問題があると思われます。

それは、社会的・経済的な不平等です。アメリカの貧富の差は、もうすでに世界中で有名です。

最新のＦＲＢ（連邦準備制度理事会）のデータによると、上位１％のアメリカ人の合計純資産額は34・２兆ドル（米国の家計資産の30・４％）であるのに対し、下位50％の資産額の合計はわずか２・１兆ドル（１・９％）にすぎません。[2]

どうして、アメリカでは貧富の差がそんなにも教育に影響するのか、ご説明します。

アメリカは日本と同様に、子どもが通える学区に決まりがあるため、所得の高い家庭は優れた学区を選び、わざわざそこへ引っ越します。平均所得の高い学区のメリットは数え切れないほどあります。例えば、より質の高い教師、少人数制の教室、より優れた教材、遠足の数と質、課外活動への資金提供等々です。もちろん、大学進学率が平均より高いことも証明されています。所得格差が子どもの教育に直接影響しているのは、アメリカの悲しい事実です。

「日本でも学区によって教育のレベルが違う」と思われる方も多いと思います。確かに、日本もある程度同じような問題を抱えていますが、アメリカほど極端ではありません。

アメリカでは、銃やギャングにドラッグ、暴力の問題があり、学校によっては教員や生徒を守るため、警察や警備員、金属探知機が配置され、窓には鉄格子がはめられていることもあります。

一方、富裕層の家庭が目指す私立学校の違いについて少し見てみましょう。

多様性豊かで優れたカリキュラムを誇るアメリカのボーディングスクール

一流の私立高校と位置付けられるボーディングスクールの年間学費は、約５万ＵＳドル（２０２１年２月１日付けで約５３０万円）です。一方の日本の私立学校の平均年間学費は、文部科学省の調査によると約73万円です。[3] アメリカとは随分違いますよね。

「年間５００万円もかかる学校ではどんな教育が行われているのか？」と気になる方は少なくないと思いますので少しご紹介します。

ハーバード大学への進学率が高いボーディングスクールとして知られているPhillips Exeter Academyでは、先生と生徒の比率はたったの１：５です。生徒たちの中で多様性のマインドセットを生み出すために、なんと34カ国から生徒が集められます。

その成果は明らかで、ボーディングスクールや私立高校の卒業生の約30％が、アメリカの一流大学（ハーバード大学など）に進学するのです。ＳＡＴとＡＣＴの学内平均点ももちろん全国平均点を大幅に上回ります。

カリキュラムも公立校とは随分違います。例えば、ある私立高校では、自分で選んだテーマで自主的に勉強することが奨励され、「白血病の幹細胞研究」や「シェイクスピアの聖書の引用についての研究」などのようなテーマも珍しくありません。「警察と金属探知機」に囲まれた公立校とは大きく違いますよね。

今までお話ししたように、アメリカの私立学校のレベルは非常に高く、公立学校との差は歴然です。残念ながらアメリカでは、２０１７年に私立学校に通えた学生（プレキンダーから高校4年生まで）は、５０７０万人の内たったの９・９％（５００万人）でした。[4]
では次に、日本の私立学校への進学率を見てみましょう。２０１０年の日本の私立小・中・高等学校への進学率は約９・７％です。実は、アメリカとの差はほとんどありません。そう考えると、アメリカの生徒と日本の生徒の学力の差もあまりないと推測しますよね？　事実はどうでしょうか？

アメリカの生徒と日本の生徒に同じテストを受けさせたらどうなる？

「ＯＥＣＤ生徒の学習到達度調査（ＰＩＳＡ）」とは、経済協力開発機構（ＯＥＣＤ）による国際的な生徒の学習到達度を測る調査です。つまり、15歳を対象にした世界共通のテストです。２０１８年の日本とアメリカの順位を比べてみましょう。[5]

❏数学
日本：6位
アメリカ：37位
❏科学
日本：5位
アメリカ：18位
❏読解力

日本：15位
アメリカ：13位

私立校への進学率において、アメリカと日本の差はほとんどなかったにもかかわらず、世界共通テストではこんなに差が開く結果となりました。ここではその原因を深く探りませんが、日本の教育とアメリカの教育の両方を見てきた私が確実に言えることは、次の2つです。

1）日本は、家庭の中でも社会全体でも、教育を非常に尊重する国民性である。
2）わざわざ私立学校に入らなくても、ある程度質の高い教育を受けられる。

これはアメリカの教育と日本の教育の一番大きな違いだと感じています。「私立学校に行かなくても、結構いい教育を受けられる」ことは本当に誇りに思うべきところです。我が家がアレックスを公立学校に行かせるか、私立学校を受験させるか、かなり悩んだ理由です。アメリカに住んでいて、私立学校に行かせる金銭的な余裕があれば、悩むことなく、「私立」と即答したはずです。ＰＩＳＡの結果を見ると、日本の公立学校の質が非常に高いことを否定できません。

だからと言って日本の教育は今のままでいいのか？

ここ数年、文部科学省も気付き始めましたが、21世紀に必要とされているのは暗記力などで試験の問題を上手に解く能力ではなく、クリティカル・シンキングや思考力です。「クリティカル・シンキング」というのは、様々な事実や情報を鑑みて、何が正しいのか、自分で判断する力です。

私も親になった瞬間からずっと、21世紀の世界において、どういう人が日本でも世界でも自分らしく活躍できるかを考えてきました。おそらく日本政府だけでなく、多くの親も同じ課題に悩まされていると思います。

つまり本当の意味での「グローバル人材」とは何なのか？　そして、そういう人をどうやって育てるのか？　ということです。

「グローバル人材」というキーワードはよく耳にしますし、本書にも登場します。しかし、「グローバル人材」という言葉が、「英語が話せる」とか「日本以外の国で仕事をする」という意味で使われていることが多い気がしています。私自身、15年間日本企業に勤めてきた経験、そして親としての経験から、私なりの「グローバル人材」の定義を考えてみました。

「国際社会において、言語や文化、価値観、考え方の異なる人々の話を聞いて、お互いの意見を伝え合うことにより、相互理解を深めて円滑なコミュニケーションを図ることのできる人。」

「英語が話せる」からと言ってグローバル人材ではありません。日本人である夫のタカも、英語は堪能ではありませんが、それを言い訳にせずに、相手が誰であろうが、相手の意見と伝えたいポイントを探りながら自分の意見も主張し、お互いの理解を深めるように、常日頃から動いています。相手が同じ日本人でも、同じ姿勢を崩しません。

以下、本書の中で「グローバル」という単語が出てきた際には、「英語が話せる人」や「日本以外で働く人」という意味ではなく、こちらの定義をイメージしてください。

日本政府の目指すグローバル人材

実は、文部科学省が定義している「グローバル人材」の意味は、私が考えるものとほとんど同じでした。

皆さんもご存じの通り、日本の「詰込み型教育」がついに変わろうとしています。

「生きる力　学びの、その先へ」というスローガンのもと、小学校では２０２０年度、中学校では２０２１年度、高校では２０２２年度から新しい学習指導要領が取り入れられます。

今までの日本の教育は、先生から一方的に教えられたことを繰り返すというものが主でした。それがどの教科も、子どもたちが自ら考え、対話しながら学んでいくことを重視する教育に変わります。

特に今回の教育改革の目玉の1つとされているのが「アクティブ・ラーニング」です。

「主体的・対話的で深い学び」とも言われますが、どういうことか詳しく見ていきましょう。(6)

❏主体的な学び
「学ぶことに興味や関心を持ち、自己のキャリア形成の方向性と関連付けながら、見通しを持って粘り強く取り組み、自己の学習活動を振り返って次につなげる」こと。
❏対話的な学び
「子供同士の協働、教職員や地域の人との対話、先哲の考え方を手掛かりに考えること等を通じ、自己の考えを広げ深めていく」こと。
❏深い学び
「習得・活用・探究という学びの過程の中で、各教科等の特質に応じた『見方・考え方』を働かせながら、知識を相互に関連付けてより深く理解したり、情報を精査して考えを形成したり、問題を見いだして解決策を考えたり、思いや考えを基に創造したりすることに向かう」こと。

難しく書かれていますが、つまりは自分たちで課題を見つけて議論し、どうすれば自分たちの考えをよりよく伝えられるかを探っていくそうです。違う意見があっても、それを否定せず、別の人の考え方にも向き合いながら答えを模索していきます。

そうすることによって、社会がどんなに変化して予測困難になったとしても、子どもたちが自らの資質や能力でそれぞれの幸せを実現することができるようになると定めています。

教育改革があるからこそ家庭でしないといけないことは？

本当の意味での「グローバル人材」を育てるために、日本政府が踏み出したファースト・ステップは非常に良いものだと思います。

しかし、これはただの「ファースト・ステップ」にすぎません。教育制度が21世紀の世界のニーズに合わせて改革されたからと言って、親は学校に教育を完全に任せられるわけではないと思います。

なぜかというと、次の3点について一度考えてみてください。

1）小学校に入るまでの6年間、子どもは誰と一番時間を過ごす？

2）子どもは1日に何時間学校で過ごす？

それ以外、どこで**誰と**一番時間を過ごす？

3）新しい教育方針では、協議や対話に力を入れることになるが協議ができるためには、まずは様々な考え方を聞く必要がある。学校の先生以外で、子どもは**誰と**楽しく（否定されずに）いろんな話ができて、**誰から**新しい視野を得られるか？

答えは3つとも「親」（保護者）ですよね。親しかいないのです。

小学校に入る前までは、子どもは親と一番多くの時間を過ごします。つまり、6年もの間、子どもはずっと親の姿を観察したり、親の発言を聞いたり、親の行動を真似したりして、そこから世界について学んでいきます。

親こそが子どもにとっての「初めての先生」です。

「主体性」や「学ぶことへの興味」、「将来のキャリア形成」などは、実は、家で最初に学びます。

多くの日本人のママ友と話をして一番驚いたことは、「家庭では子育てに集中する。教育は学校に任せる」という考えを持つ人が多いところです。幼児教室や習い事に行かせる親は多いですし、もちろん宿題はサポートします。しかし、「家の中で教える」ということが実に少ない印象を受けました。

第2章でもお話ししますが、私はユダヤ系アメリカ人ですので、家の中も教育の場の1つでした。多くのユダヤ人が同じことを言うと思います。

家でドリルをずっとさせられていたという意味ではなく、親と常に対話し、世界についていろいろ教えてもらい、考えさせられました。私の親自身も学ぶことに興味があり、それをずっと見てきた私は、同じようにいろいろ学びたくなりました。

これからの子どもたちは、「主体性」と「自分で考える力」を身に付けさせてくれる、新しい文部科学省の教育方針を経験します。だからこそ家庭でも、親自身が常に世界を見て、考えていることを、子どもが小学校に上がる前の段階から見せる必要があると思います。

本書でご紹介するレバイン・メソッドのコアはそこにあります。子どもとの接し方を変えることにより、世界で自分らしく活躍できるために必要な考え方を0歳からでも子どもに教えることができます。

そのためには、必要があれば親自身も変わらないといけません。親こそが子どものすべてを受け入れてくれる唯一の人なのです。**主体性を教えられる最適な人物は親**と言っても過言ではありません。

第2章からは子どもの「自分で考える力」を育てるために、親自身はどのように行動すればよいのか、私が開発した「レバイン・メソッド」について詳しくお伝えします。

第2章

子どもの考える力を育てる「レバイン・メソッド」

4歳でも自分の考えを積極的に伝え、大人と意見交換ができる子育て法

息子のアレックスが4歳になった、ある土曜日のことです。私たち家族は「ファウンダー　ハンバーガー帝国のヒミツ」という映画を観ていました。マクドナルドがどのようにして世界最大のハンバーガーチェーンとなったのかを描いた作品です。もちろん子ども向けの映画ではないので、アレックスは遊びの片手間に見ているようでした。

YouTubeチャンネルの視聴者の方はご存じかもしれませんが、我が家ではアメリカの定番である「家族のムービーナイト」を積極的に取り入れています。

後ほど詳しくお話ししますが、映画の中で起きていることを話題にすると、いつもとは

4歳の意見

違う角度の議論ができます。そのため映画は家族の大事なコミュニケーションツールの役割を担っています。

映画を観終え、私は夫に尋ねました。

「主人公はマクドナルド兄弟のビジネスアイディアを盗んだようなものだよね。それでいいのかな?」

一見すると「ファウンダー　ハンバーガー帝国のヒミツ」はビジネスをテーマにしていますが、その実、人間性の大切さについて考えさせてくれる映画です。

「どういう時に人のアイディアを使ってもいいか」について、しばらく2人で話し合ったあとに、息子にも聞いてみることにしました。

「アレックスなら、他の人のビジネスアイディアを盗んでもいいと思う?」

当時4歳の息子は、もちろんビジネスについて学んだことなんてありません。それでも真剣に考え、彼なりの意見を私たちに伝えてくれました。

「もし、みんなが好きないいアイディアだったとしても盗まないね。でも僕にもっといいアイディアがあれば、みんなに早く伝えたいね。でも僕は人のアイディアは盗まないけどね。あんなことをしたくないもん」

もちろん文法もロジックも完璧ではありませんが、「いくら周りの人がそのアイディアを好きだと言っても、僕は盗まないよ」という彼が伝えたかった真意は、私たちにしっかりと届きました。

本書でご紹介したい「レバイン・メソッド」は、まさしくこのことです。

> 世界についてのいろんな情報や状況に子どもを触れさせ、家族全員でよく話し合い、子どもにも積極的に意見を聞く子育て法。
> 子どもが慣れていない分野でも、投げかけられた質問や課題に対し、「自分が本当にどう思うか」を考えて、相手に関係なく自信を持って意見を伝えきる力を高める。

息子は「お父さんのほうが頭がいいから、お父さんの意見に合わせよう」や「お母さんを喜ばせたいから、お母さんと同じ意見でいい」と誰かに合わせるのではなく、自分が本当に思ったことを私たちに伝えてくれました。

4歳でこのように自分で考えられるようになったのは「レバイン・メソッド」を日常の

中に取り入れているからです。

レバイン・メソッドの最終的なゴールは？

レバイン・メソッドは、**子どもの主体性を尊重し、自分で考えた意見を恥ずかしがらずに伝えきる力を高める**子育て法です。

「はじめに」でも触れたとおり西洋では珍しいことではなく、ユダヤ人である私の場合はなおさらです。議論好きとして知られるユダヤ人は、年齢に関係なく子どもを一個人として扱います。そのため子どもにも常に意見を求め、大人と対等に話せるような子育てや教育を行っています。

しかし、日本ではまだ浸透していないため、「どのようにすれば子どもに自分の意見を持ってもらえるのか？」や「どうやって子どもの主体性を高めればいいのか」という質問を多くの視聴者からいただきます。

このような悩みはよくわかりますが、「主体性を伸ばす方法」より先に考えていただきたいことがあります。

「そもそも、なぜ子どもに主体性や積極性を持ってもらいたいか」ということです。

「レバイン・メソッドをベースにした子育てを取り入れて、主体性を高める」ことは、最終ゴールではありません。レバイン・メソッドは、所詮《しょせん》子育ての手法でしかないからです。「その先に何があるのか」を考える必要があります。

私も子育てとグローバルな仕事をしながら、「その先」＝「我が子にどのような大人になってほしいか」をずっと考えていました。

その中で辿り着いたレバイン・メソッドのゴールは次の通りです。


自分で考えた意見を伝えきる力を身に付け、将来**どの国でも、どの分野でも、どんな状況の中でも、自分らしく**生きていけること。


つまりレバイン・メソッドのゴールは、「主体性があり、積極的にディベートのできる子どもを育てる」ことではなく、「第1章で定義したグローバル人材として、どのような世界でも活躍できる」というところにあります。

このゴールを常にイメージしながらレバイン・メソッドを開発しました。

私自身、たくさんの子育て本を読んできましたが、「こういう時に、とりあえずこうしましょう」というチェックリスト型の書籍が多い印象を受けました。

レバイン・メソッドでは、本当の意味での「自分で考えた意見を恥ずかしがらずに伝えきる力」を育《はぐく》むために、親子の関係性そのものを考え直すところから始めます。

チェックリスト型の「子育てのヒント」ではないからこそ、3つのステップに分けて、常にレバイン・メソッドを親子間で意識しないといけません。

3つのステップとは次の通りです。

STEP1：親自身が意識して世界を見ることで、子どもの見本となる
STEP2：子どもを様々な情報に触れさせ、彼らの視野を広げる
STEP3：世界について子どもの意見を求める

どのように日常生活に取り入れていくか、具体的な例をあげながらご説明しますね。

レバイン・メソッド
STEP
1

親自身が意識して世界を見ることで、子どもの見本となる

日本のことわざにも「親の背を見て子は育つ」とあるように、子どもは親の言動を親が思う以上に見ています。そして、それが当たり前のことと思い、自分の常識としてしまいます。

だからこそ、まずは親自身が自分のことを見つめ直す必要があるのです。特に意識していただきたい5つのことをご紹介します。

1 「当たり前」を捨てる

世の中には「当たり前」と思われていることが、たくさん転がっています。しかし、本当にそれは「当たり前」なのでしょうか？　ある時代、ある国、ある組織の中だけの常識かもしれません。

「当たり前」という言葉で片づけず、自分なりに考えて受け入れたり、変えていったりする必要があります。

以前YouTubeにアップした動画にも、この「当たり前」にまつわる出来事がありました。

息子のアレックスが参加していたキッズキャンプの工作で女の子はティアラを、男の子は剣を作ることになったそうです。

キッズキャンプなどではよくある話だと思いますし、親もあまり考えることなく、それが「普通」だと受け入れてしまいがちです。

しかし、本来であれば「なぜ性別で工作のテーマを分けるのか？」という疑問を親として、大人として持つべきだと思います。

私もアレックスにそれを伝えましたし、「剣が好きな女の子がいてもいいし、ティアラが好きな男の子がいてもいいんだよ。どちらが好きかはその人次第だし、どちらが作りたいか選べるべきだよね」とも伝えました。

アレックスがあとで「僕はティアラを作りたかったな」と打ち明けてくれたので、「そういう時には、正直に先生に言ってみてもいいよ。自分の気持ちを隠してはいけないよ」

と返しました。

子どもに思考力を求める前に、まず親自身が自分の住んでいる世界をフラットに見て、「あれ、ここがおかしいかも?」と疑問を抱くことが大切です。

今まで持っていた「当たり前」を見直すのは大変なことですが、まずは自分が無意識に持っている先入観がないか探すことから始めてみましょう。

例えば、もし母親が専業主婦で父親が外で働いているご家庭であれば、その状態が「普通」と思ってはいけません。あくまで自分たちが話し合って選んだ「自分たちだけの家族のカタチ」であることに気付いてほしいのです。

百個の家族があれば、百種類の家族のカタチが存在することを、まずは親が十分理解しないといけません。

「当たり前を捨てること」は子育てに限らず、グローバル・ビジネスにも必要とされる非常に大事なスキルです。

「当たり前でしょう」や「みんなできているのに、なぜあなただけができないの」と言ってしまう機会は多いですが、何度もお伝えした通り「当たり前」なんて存在しません。海外では、各自の価値観や考えを尊重することを大事にしており、価値観の違う人たちがどのように共存していくかは人類の存続にも関わる重要な事柄とされています。

「当たり前」を捨て、様々な価値観を認めて尊重する姿勢を「家族ベース」で取り入れることは、多様性への理解が求められる現代社会において必要不可欠になってきています。

2 自分のアイデンティティを理解する

何があっても、私が何をしたとしても、唯一変わらないのは「私はアメリカ人として生まれた」ことです。過去は変えられませんし、その過去が今の私を築いています。私の半分はユダヤ系アメリカ人、もう半分はメキシコ人です。何があっても、その事実は変えられません。

生きていく上で、いろいろと変えていける要素はありますが、「私が私であること」＝「アイデンティティ」は変えることができません。生きることは自分と向き合うことでもあるので、「己」への理解が非常に重要です。

なぜならば、次の3つに気付けるからです。

自分のユニークさ

「私」という存在が他の誰とも違うことに気付くことができます。

自分の大切さ

「私」という存在のユニークさに気付くことで、世界に1つしかない大切なものであることに気付くことができます。もちろん、それとともに自分の命の大切さにも気付くことになります。

他の人にも考え方があること

「私」がたった1つの存在であるように、他の人も皆、同じように1つしかない大切な存在だと気付きます。それと同時に、他の人もまた各々の考えを持っていて、尊重すべきものであることに気付くことができます。

21世紀において、「アイデンティティ」はとても大事にされているキーワードです。日本ではいまだに「日本人」という人種が人口の圧倒的多数を占めるので、海外と比べるとアイデンティティについて話されることは少ないと思います。私の夫のタカも18歳でカナダに留学した時に初めて、アイデンティティや「自分がどうなりたいか」について考えることの大切さに気付いたそうです。

もし子どもに、グローバルに活躍してほしいのであれば、幼いうちから自分のアイデンティティについて考える機会を与えるべきです。なぜならば、先ほども述べた通り、自分の大切さを知ることで、他の人の大切さにも気付くことができるからです。

しかしながら、アイデンティティは非常にプライベートなことなので、学校などではなかなか教えにくい科目です。


だからこそ家で話すテーマであるとも言えます。


まずは親自身がアイデンティティについて考え、その上で子どもたちにも「自分」について考え始めるきっかけをどんどん与えましょう。

とは言っても、「家族でアイデンティティについてどうやって話し始めればよいか？」と戸惑われる方も多いと思います。まずは親自身の過去（育ったところ、育った環境、育った状況）について、パートナーや子どもに話すことが第一歩となるでしょう。

私のことを例にあげると、私はアメリカ人とメキシコ人の親のもとに生まれた、いわゆる「ヒスパニック」です。その経験を子どもたちに分かりやすく伝えるため「セレナ」という映画を一緒に観ました。「セレナ」は1990年代後半に公開された、歌手の生涯を通してヒスパニックが日常に抱えている課題がよくわかる映画です。
映画を観ながら、「マミーも昔こういう差別を受けたことがあるよ。それでもメキシコ人として生まれてよかったと思うよ」と子どもたちに話しました。それと同時に「アレックスとオリビアのルーツはメキシコにもあるんだよ」と彼らのアイデンティティについて伝える機会にもなりました。もちろん映画の中に出てきたスペイン語やメキシコの音楽と料理についてもたくさん話すことができました。

日本は古くから引き継がれてきた文化と共に生きているため、日常の様々な場面で子どもにアイデンティティの気付きを与えられる機会があります。私が日常で感じた例をいくつかお伝えします。

例①祝日

日本は世界で3番目に祝日が多い国ですが、「自然を尊ぶ」祝日が多い国でもあります。アメリカの取引先に「明日は祝日のため会社が休みです」と伝えると、「何の祝日ですか?」と聞かれることがあります。その際、例えば「海の日」と答えると、かなり驚かれます。悪い意味ではなく、アメリカには「自然を尊ぶ」という発想があまりないためです。

しかし、「自然を尊ぶ」という純粋な心があるからこそ、環境問題やリサイクルにも早い段階から取り組んできましたし、トヨタのプリウスのように環境に優しい商品を作るという発想が生まれたはずです。そのため我が家では、祝日のたびに子どもたちに「日本はすごいね」と話します。

例②旬

日本の文化では「旬を楽しむ」ことが非常に大事にされています。茶道教室に通っていた頃、毎回「旬へのこだわり」に非常に驚かされました。和菓子や掛け軸、茶花、お茶碗、着物、挨拶など、とにかくすべてに「旬」がありました。季節によってすべてが変わると言っても過言ではありません。「いくら勉強してもマスターできないな」と思うほどでした。

身近なところで言うと、日本人は昔から食べ物の旬を大事にしてきました。四季があるからこそ季節ごとの旬を楽しめます。そして、旬へのこだわりがあるからこそ、ご飯をより美味しくいただけ、感謝することができる気がします。ぜひ家族の食卓でも旬を楽しんでほしいですし、「日本だからこそ、旬を意識することができるんだよ」と誇りに思いながら家族で会話をしてください。

例③世界で活躍する日本人

世界で活躍する日本人がニュースで取り上げられた時、ぜひそれを子どもに伝えるようにしましょう。私の場合、アメリカ人、もしくはユダヤ人や日本人がＣＮＮに出ると、すぐ子どもたちに「見て！　アレックスとオリビアと同じ○○人だよ、素晴らしいね！」と話します。

山中《やまなか》伸《しん》弥《や》博士がノーベル賞を受賞した際には、日本人ではない私でさえ、なぜか誇らしい気持ちでいっぱいでした。

アイデンティティには、そういう不思議な力があります。自分で気付いていなくても心の奥には「私は○○」という気持ちが密《ひそ》かに潜んでいることがあるのです。

日常生活の中に潜む「日本人としてのアイデンティティ」を探し、子どもに楽しく伝えて「日本人って素晴らしい」と思わせることは、親の大事な仕事の１つです。

「己」への理解をきっかけに、自分の価値を理解することができ、自己肯定感が高まります。そして自己肯定感の高い人間は、自信を持って自分の意見を伝えられるようになるはずです。

3 伝統を大事にしながらも、疑問を抱く

日本には素敵な伝統文化がたくさんあり、それを次の世代に引き継ぐことの大切さについて意識している方も多いと思います。

しかし、1つだけ注意してほしいことがあります。それは、その文化や伝統を深く理解せずに、「伝統だから」という理由だけで引き継いでしまうことです。最悪の場合、差別につながってしまうことさえあります。我が家で起きた出来事を共有させてください。

娘のオリビアがまだ0歳の時に、家族で雛人形を探しに行きました。そのあまりの美しさに魅了された私は、一体一体じっくりと見比べて長時間悩んだ末に、お気に入りの雛人形を手に入れることができました。

雛人形に夢中になっていたため、その場では気付かなかったのですが、飾る時になって

「なぜ女性にだけ雛祭りがあるのか？」という疑問が湧いてきました。

「女の子だから〇〇する」ということが、私の頭の中で整理できなかったからです。

男の子には「端午《たんご》の節句」があり、「鯉のぼり」と「かぶと」を飾って成長を願うのだと夫は教えてくれました。しかし、なぜ男女別々に行事をし、女の子は人形、男の子はかぶとと違うものを飾らなければいけないのか？　というひっかかりは私の中から消えませんでした。

一方で、子どもの「アイデンティティ」のため日本の立派な文化を教えたい気持ちもあったので、どう説明するべきか非常に悩んだ末、夫と相談して次のように伝えました。

雛祭りは平安時代から続く素敵な伝統。

日本のように、何百年にもわたって文化を守ってきた国は本当に少ないので、「日本人に生まれてよかったな」と誇りに思うべきだよ。

伝統的には女の子を怪我や病気から守るために雛人形を飾る行事ではあるけれど、当然昔の人も「女の子だけ守りたい」と思わなかったはずなので、アレックスもオリビアも守りたいと思ってマミーとダディはこの雛人形を飾っているよ。

ここでポイントとなるのは、「親が社会や伝統を一旦忘れ、自分なりに考えた」というところです。伝統をそのまま引き継ぐのではなく、その文化の核となる部分を見つけて、自分の家族のカタチの中で子どもに伝えることで、伝統がただの形式的なものにならずにすみます。

①の「当たり前」を捨てるにつながる部分でもありますが、「なぜ？」と思う目を持つことで物事の本質をとらえることができるようになります。

4 「目標」を常に持ち続ける

人にもよりますが、親になると子どもにたくさん時間をかけたくなり、「子ども中心」の生活に変わります。それと同時に、「子育て以外のことに集中するのは悪いな」という気持ちを抱いてしまう母親が多いように感じています。社会環境による部分も大きいのでしょうが、日本の場合は２０１８年の内閣府男女共同参画局の資料によると、第１子の出産を機に離職する女性は半数以上に上ります。

退職して子育てに専念したいと心から思っているのであれば、もちろんまったく問題ありません。また小さい子を育てながら勤めるのは精神的・肉体的に難しいと思って退職するのもその方の判断ですので、もちろん問題ありません。その人なりの幸せのカタチがあるからです。

ただ子どもができたら自分の夢を捨てないといけないと思っているのであれば、「それは違う」と伝えたいです。

目標に向かって努力したり、楽しそうに取り組んだりしている親の姿を見られる子どもは、自然と将来の夢について考えたり、目標を立てたりすることができるようになります。

これは親子間だけの話ではありません。自分の周りに面白い活動をしている友人や知り合いがいれば、刺激を受けて自分も新しい挑戦をしてみたくなりませんか？

我が家でも新しいプロジェクトに取り掛かる時は、必ずアレックスとオリビアにそのことを話します。子どもたちからも意見がもらえますし、子どもたちにとっては「目標はこうやって定めて、実行するんだよ」という身近な例となります。絵本を出版した時には、絵本のストーリーを考える段階からアレックスも参加し、一時期、絵本作家になりたいというほどでした。

仕事に限らず、「今年はＴＯＥＩＣで７３０点を目指そう」という自分が成長するための目標でも、もちろん問題ありません。

「親も常に成長を図り、その姿を子どもに見せる」という考え方は、実はユダヤ人の子育て方法の１つでもあります。

5 積極的にニュースなどを見て、家族で話し合う

「日本人はニュースと情報番組を見ることが好きだよ」と友人に言われたことがあります。

私自身、仕事を通じて日本の消費者の在り方について勉強する機会が多いのですが、その中で日本人は新しい情報に興味があることに気付きました。お店などでも「新発売」や「ＮＥＷ」の告知を多く目にするように、日本人は「新鮮さ」に敏感です。周りの世界に興味を持つことはとても大事ですし、私も真似しなければと常日頃から感じています。

「新鮮さ」に敏感な日本人は、新しいことを教えてくれるニュースを見るのが好きなのだ

と思います。

ただ多くの日本のニュース番組は、「視聴者に考えさせる」ことよりも「正確な情報を混乱が起きないように伝える」ことに重きを置いているように感じます。また国外のニュースについて報じられることも、まだまだ少ないような気がしています。

ニュースの中身に「多様性」がなければ、偏った考えや価値観を持ってしまう恐れがあります。できれば国内だけでなく、海外のチャンネル、もしくはオンライン記事も確認していただきたいです。

ニュース番組や情報番組を見るうえで、注意してほしいことが、もう1つあります。それは「ながら視聴」をできるだけしないことです。確かに朝の忙しい時間は、我が家もニュースを流しっぱなしにしてしまうことがあります。しかし、通園中や晩ご飯の時など、別の機会にニュースで流れていたことを話題に出して、子どもたちに考えさせたり、情報をインプットさせたりするよう心がけています。

ニュースは周りの世界について学ぶとてもいいきっかけです。自分の街、自分の国についての気付きを与えてくれます。もっと広い視点から話すと、人類全体がどう変わるべきか考えさせてくれる非常に大事なものです。

世界で活躍する子どもに育ってほしいのであれば、世の中で何が起きているのか、幼い頃から興味を持たせるようにしなくてはいけません。「あなたもこの世界の一員として生きているんだよ」という意識を抱かせることは、「他の人はどんなことを考えているんだろう」「他の国にはどんな文化があるのだろう」と他者への興味を自然に引き出します。

その第一歩として、まずは家族で積極的にニュースを見て、報道されていることについて真剣に話し合いましょう。もちろん最初からニュースを見たがる子はほとんどいないので、15歳になるまでは次の3つのやり方で十分だと思います。

1）親がニュースを見ているところを子どもに見せる
2）子どもが見ているところで、親同士がニュースについて楽しく対話する
3）少しずつ子どもに「今、ママはこう思っている。パパはこう思っている。○○はどう思う?」と聞く

いきなり3）を子どもに投げかけても、なかなか答えは返ってきません。まずは1）と2）を繰り返し、世界に興味がある親の姿を見せて、家庭内でニュースを楽しく見る習慣

を作ることが大事です。

なお、ニュースには暗い話題も多いので、まだ幼い我が子に見せてもいいのかと心配されている方も多いと思います。お子さんの性格を一番わかっているのは親ですので、無理にニュースを見せる必要はありません。「ニュースで怖がらせたくない。でも、世界について興味を持ってほしい」と思っている方のために、2つの方法をお伝えします。

1）ニュース番組の明るい話題だけをピックアップする。例えば、「○○中学校が○○の全国大会で優勝した」などのようなニュースはもちろん暗くないですし、「人の努力の大切さ」も教えてくれるので、こういうニュースでも世界を広げることができます。

2）「ニュース」ではなく、「プロジェクトX」などのドキュメンタリー番組のように何か一分野に焦点を当てた非常にためになる、かつインスパイアされる番組を見る。

ただ1つだけ注意していただきたいことがあります。明るいニュースや番組を積極的に子どもに見せるのはよいことだとは思いますが、実際に世の中で起きている暗いニュースをまったく見せないとなると極端だとも言えます。世界では実際に暗いことが起きているので、子どもにもある程度理解させる必要があります。そういうニュースをまったく見せないというのは、ある意味で子どもに嘘をついていることになるからです。後程お話ししますが、「嘘」は親子の対等な関係作りにお勧めしません。そのため、まずは子どもに正直にこの世界について教える必要があります。

それだけでなく、子どもに世界の暗い事情を見せることで、「○○ちゃんなら何をしてより良い世界を作ろうとする？」や「○○国はこういう状態になっているので洋服を寄付しようか？」といった会話もできます。そういう問題解決の考え方は、子どもたちの将来に必要な「イノベーション精神」につながります。

ですので、子どもを怖がらせたくないからといって、悲しい出来事が起きている本当の世界を隠す必要はないのです。

お子さんの年齢や性格に合わせて、ニュースの取り入れ方もぜひご家庭で考えてください。

ここまでお話しした通り、レバイン・メソッドのＳＴＥＰ１では、**親自身の考え方や行動の変化**に特化しました。

両親が世界について興味を持ち、いろんな価値観を自分なりに受け止めて日々成長する姿を見せることは、きっと子どもたちの「私も同じようにしたい、なりたい」という気持ちを引き出すはずです。

子どもを導きたい時は、まず親自身がそのロールモデルに近づかなければなりません。

STEP1のポイント

次の5つを意識して、親自身が自分と向き合う。
必要があれば変わる。

①「当たり前」を捨てる

②自分のアイデンティティを理解する

③伝統を大事にしながらも、疑問を抱く

④「目標」を常に持ち続ける

⑤積極的にニュースなどを見て、
家族で話し合う

レバイン・メソッド
STEP
2

子どもを様々な情報に触れさせ、彼らの視野を広げる

STEP2では、親から親子にシフトします。**子どもをいろんな情報に触れさせて、自分の住んでいる世界の在り方についてインプットさせる**フェーズです。

なぜならばインプットがない状態では「自分で考えて判断する」ことは難しいからです。

小さな子どもはどんな夢を抱くでしょうか？　スーパーヒーロー？　お菓子屋さん？　YouTuber？　日ごろ目にしたものに関する夢がほとんどだと思います。

アレックスの現在の夢はというと、科学者です。インプットがない状態では、6歳児が日常生活で「科学」という分野に触れることはあまりないと思います。小さい頃から宇宙や科学に関する映画を見せたり、それにまつわる知識を教えたりしたからこその夢だと感じています。またニュースや私自身の経験などを通して貧困問題についても話してきたので「貧しい人たちも、健康で楽しく過ごせる施設を作りたい」という「世界をより良くす

る」ための夢も抱いています。

なぜ子どもたちにインプットが必要かというと、1日のルーティンを考えれば明白です。

朝起きて、毎日似たような食事をとります。幼稚園や学校で同じ国籍、同じ経験を生きてきた友達と過ごし、夕方まで同じ地域に住んでいる友達と遊んでから家に帰ります。そして寝るまで家族と過ごします。

この毎日の繰り返しでは、子どもの住んでいる世界は非常に狭いままです。

「大人も同じなのでは?」と思われるかもしれませんが、大人は字が読めますし、ある程度自由に使えるお金もあります。そのため好きなタイミングで世界の情報を手に入れることができますし、自分の選んだ人と付き合え、インターネットを通じて世界の人とつながることもできます。

子どもにはこの自由がないので、彼らの世界や視野が狭くならないように、親子の日常生活を通じて世界の情報に触れさせる機会を作らなければいけません。

「世界の情報に触れさせる」というのは、「○○国の大統領は誰ですか?」のような暗記力に頼った知識ではありません。もっと広い文脈の中で「世界とはどういうところであるのか」を子どもに見せないといけないのです。
世界の情報に触れさせることにより、

1）家の外には、大きな世界がある
2）その世界には、自分が想像する以上に様々な価値観がある
3）価値観が違うにもかかわらず、人類の生存のためには共存しないといけないので、
　価値観の違う相手でも、まず相手の意見を聞くことが大切である

という意識を持ってもらうことができます。

「こんな難しい話を学校ではなく、家で教えられるのか？」と思われる方もいるでしょうが、むしろ「家庭」でこそ行うべきです。
第1章でもお伝えした通り、子どもの素直な疑問を受け止めるのに一番適している人物は親だからです。その際に聞き流したり、バカにしたり、否定しないことが大切です。また世界はとても広く、面白い場所なので、話し出すとキリがありません。学校の決まった

時間の中ではなく、日常生活を通して話し続けることが最も効果的です。

日常生活の中で、子どもを世界の情報に触れさせる機会はたくさんありますので、いくつかご紹介します。

1 新しい扉を開けてくれる映画鑑賞

映画には、たった2時間で別の世界に目覚めさせてくれる素晴らしい力があります。

私は5歳の頃からティーンエイジャーになるまで、毎週末父と映画館で2〜3本の映画を観ていました。映画館に向かう道中、父はいつもこれから観る映画に関することを教えてくれました。これはまさしく「インプット」です。

そして映画を観終えると、美味しいデザートを食べながら感想交換会を開いていました。父はいつも私の意見に興味を持ち、「どこがよかった?」と娘の気持ちを引き出してくれました。そのおかげで私は幼い頃から自分の意見を持ち、発言することの大切さに気付くことができたのです。

それに加えて、映画は「世界について学ぶ」機会も与えてくれます。自分の日常とはかけ離れた文化や状況、考え方に容易に触れることができるからです。

鑑賞する映画を選ぶ時には、子どもが興味のある分野から選ぶのがベストですが、無理に「キッズ映画」を選ぶ必要はありません。もちろん暴力描写がないかなどのフィルターはかけないといけませんが、それがクリアできれば大人向けの映画でも問題ありません。

とは言っても、子どもの言語能力は当然大人より低いので、私の場合は映画で起きていることを常に子どもに説明するようにしています。

また「この映画を見せることで、子どもにどんな新しい気付きを与えられるかな？」と考えながら選ぶことも大切です。

親子の映画鑑賞の時間をいかにレバイン・メソッドに使えるかは、本書の第4章にて詳しくご紹介しますが、ここで一番伝えたいポイントは次の通りです。

映画は別の世界の扉を開いてくれる力があります（親子ともに！）。いろんな国、そしていろんなテーマの映画を見せることで、子どもが普段触れ合うことのない人や価値観、考え方に出会えるので、彼らの「自分で考える力」の基礎となります。

2 親子でニュースを見る習慣を作る

STEP1でも触れましたが、ニュースは周りの世界で何が起きているかを知る大事な機会です。ニュースを見ながら家族で対話することは、子どもの世界に対する目を磨きます。

例えばシリアの内戦についての報道があったとしましょう。もちろん「なぜシリアで戦争が起きているのか？」という話もできますが、次のような質問や対話もできます。

❏戦争の一番怖いところは何だと思う？
家族を失うこと？　家を失うこと？　ご飯がなくなること？
❏一番の被害者は誰だと思う？
戦争を起こした国のリーダー？　それとも国民（子ども）？
❏被害を受けた人は、どこに逃げられる？
※アメリカでは「うちに泊めたい！」と主張する子も出てきて、政治に興味を持つ

きっかけになります。

❏日本でも昔、戦争があったんだよ。

❏（スマートフォンで親子で一緒に調べながら）シリアは、実はこんなにきれいなところなんだね。またこういうふうに戻ってほしいね。

このように毎日ニュースを見ながら様々な質問を投げかけられ、自分なりの答えを探す子どもを想像してみてください。視野が広がり、一人でいろいろ考えられるようなるはずです。

3 いろんな音楽を親子で聴いて、その曲の世界に行く

映画と同じく、音楽にも聴いた瞬間に別の世界へとテレポートさせてくれる不思議な力があります。

「Yesterday」というビートルズの音楽が劇中にたくさん出てくる映画をきっかけに、家族全員でビートルズの音楽にはまった時のことです。「British Invasion」や「カウンター

カルチャー」など、いかにビートルズが当時の文化に影響を与えたかを教えることができました。ビートルズの音楽は毎日聴いても飽きないですし、とても美しいので、まだ幼いオリビアも楽しく聴いてくれました。

また、音楽を通じて、私の幼い頃の思い出を話すこともあります。例えば、小さい時に母と弟とよく聴いていたメキシコの歌や私の成人式に流れたワルツ、父と映画を観終わった帰り道に車で聴いたクラシック音楽など。一緒に聴きながら子どもたちに自分の過去について話せるので、ママの「アイデンティティ」を少し理解してもらうきっかけともなりました。

1曲はたった5分程しかありませんが、その歌をきっかけに広がる子どもの世界は計り知れません。私は毎日、幼稚園から帰る車の中で子どもたちに音楽を聴かせています。毎日聴くと、1年でなんと300個以上もの世界に触れることができるのです。

世界の情報をインプットさせる方法は、他にもたくさんあります。

他国の料理を食べる機会を作ることも、その1つです。他国の料理を食べながら、その国について子どもと話してみましょう。例えば、インド料理を食べる時に、インドでは左手で食べてはいけない理由を話すなど。

もし近くに外国出身の友人がいるのであれば、その友人の国について子どもに話してもらうのもいいと思います。

大事なのは、日常生活の中で「別の世界」あるいは「別の考え方や価値観」を子どもに見せる機会を作ることです。「1日〇回」という決まりはありませんが、当然多いに越したことはありません。映画やニュース、音楽以外でも、別の世界に触れられる機会があればどんどん取り入れていきましょう。

STEP2のポイント

次のような場面で、子どもたちに様々なインプットを与えて、
世界には多種多様な価値観と考え方があることを気付かせ、
その世界を尊重し好きになってもらえるようにしましょう。

①新しい扉を開けてくれる映画鑑賞

②親子でニュースを見る習慣を作る

③いろんな音楽を親子で聴いて、
その曲の世界に行く

レバイン・メソッド
STEP

3 世界について子どもの意見を求める

STEP2により、子どもたちは世界について考える基礎を手にしたはずです。最後のフェーズであるSTEP3の目的は、**考えていることを自信を持って伝えきる力を身に付けること**です。

STEP2がインプットだとすると、STEP3は**アウトプット**のフェーズです。なぜこのフェーズが大事かというと、「自分で考える」ことがすべてではないからです。いくら世界に対するインプットをして立派な意見を持っていたとしても、相手に上手に伝えられなければあまり意味がありません。だからこそ最後のSTEP3で、子どものコミュニケーション力に自信をつけさせます。

STEP1とSTEP2の段階を踏んだあとであれば、STEP3へ進むことを恐れる必要はありません。なぜならばSTEP1、2を行う間に親子の積極的な対話に慣れているはずだからです。

STEP3では、いろんな場面で子どもに意見を求めていきます。しかし、子どもは思っていることを進んで伝えてくれるとは限りません。幼稚園や学校の帰りに「今日はどうだったの？」と聞いても「楽しかった」のような一言しか返ってきませんし、「どうしたい？」と聞いてもなかなかはっきりした答えは出てきません。子どもの意見を引っ張り出すためには少しコツが必要です。

そのコツとは、とにかくいろんな場面で正解のない質問を投げかけることです。それと同時に「はい」か「いいえ」で終わりそうな質問はできるだけ避けるといいでしょう。

例えば、「この映画は面白かった？」と聞くよりも、「この映画の一番好きなシーンはどこだった？」と質問したほうが、より深い答えが返ってきますよね。

子どもが自信を持って意見を伝えるようになるまでには時間と慣れが必要です。まずは次のようなことから始めてみましょう。

1 簡単な質問から始める

「正解のない質問」といっても、簡単なものから奥深いものまで様々です。そのため

STEP3を導入する際は、簡単な質問から始めることをお勧めします。先程の映画の例で言うと、「この映画の一番好きなシーンはどこだった？」と聞く前に、「2人の主人公のどっちが好きだった？」と聞いたほうが、子どもにとっては答えやすいかもしれません。

ここで大事なのは、「正しく答えたかどうか」ではなく、「自分の意見を持てたか」ということです。

2 親から先に意見を述べる

子どもに正解のない質問を投げかけても、無言になることが結構あると思います。なので、まずは親から自分の意見を楽しく述べてみましょう。例えば、「この映画の一番好きなシーンはどこだった？」と聞く前に、「さっきの映画はなかなか面白かったね。あのロボットが犯人ってわかったシーンが、ママにとっては一番楽しかったな。○○は、映画のどこが一番面白かった？」と言うと、子どもはすでに見本を示されているので話しやすくなります。ポイントは、**子どもに「素直に」意見を伝えること**です。無理やり何かを言おうとしているのではなく、「楽しいから素直に伝えたいんだ」という気持ちを見せることが大事です。「意見を相手に伝えることが大事だし、楽しい」と子どもに見せるためです。

3 観察力を高める質問を投げかける

映画を観ながら、もしくは絵本を読みながら「なんでこの人は悲しんでいるのかな？」や「この人は今、何を考えているのかな？」と聞くことは、状況を観察する力を育てます。これもまた異文化の人と接する際に不可欠なスキルです。

例えば、絵本の中におもちゃをとられて泣いている赤ちゃんが出てきた時に「赤ちゃんはなんで泣いているのかな？」と聞いてもいいですが、そうすると「おもちゃをとられたから」という答えで終わってしまうことが多いと思います。もう少し観察力が育つように次のような質問をしてみてください。

❑「そうだね。物をとられたら嫌だよね。パパもそういうのは嫌いだな」
❑「〇〇も、おもちゃを誰かにとられたことがあるの？」
❑「〇〇がおもちゃをとられたらどうする？」
❑「〇〇はおもちゃをとられて悲しい時に、どうやって楽しい気持ちになろうとするかな?」

お子さんの反応がない時は、まず親が自分の事例をあげてもいいと思います。例えば、私の場合、「マミーも幼稚園に通っていた頃、みんなのおもちゃを独り占めする子がいて嫌だった思い出があるな」と伝えます。

このような質問と対話を繰り返していくことで、自分の気持ちを伝えられるようになると同時に、相手の気持ちも推し量ることができるように成長していきます。これができない大人も少なくありません。

第3章でも触れますが、観察力を高めて人の気持ちに寄り添えることは非常に大事なスキルです。

もちろん、すべての親子の対話を「正解のない質問を投げかける→対話する」というものにしてくださいという意味ではありません。アレックスとオリビアの場合は、読み聞かせの時と映画を観終わった後、一番対話が続くような気がします。

4 あえて非現実的な質問を投げかける

たまに、子どもに非現実的な状況を与え、その中で「もしも○○になったらどうするの?」という質問をするようにしています。先日はお風呂の中で、「もしこのお風呂が潜水艦で、オリビアが艦長だったらどうする?」と聞いてみました。アレックスは「オリビアは食いしん坊だから、彼女が艦長だったら台所からご飯がなくなってやばいね」と可愛らしい答えを返してくれました。

非現実的な質問を投げかけることで、次のような力を身に付けることができます。

無限に答えがある時に、判断をくだす力
想像もつかない不思議な状況が起こっても、動揺せずに対応できる力

アメリカでは幼稚園児と小学生に次のようなオープン・エンデッド・クエスチョン(正解のない質問)をよく聞きます。子どもの答えを文書で求める場合もあれば、Show and Tell

として発表してもらう場合や、お絵描きをしてもらうこともあります。

❏もしあなたが「お茶」だったら、どういう会話をしたいと思う？

❏どっちのほうがなりたい？　象？　それともネズミ？

❏ある日、すべての動物が話せるようになったら、世界はどんなところになる？

　STEP3を繰り返すことで、子どもたちは少しずつ自分の発言に自信を持つようになります。そして世界に出た時に、「常に状況を観察して自分で判断し、意見を伝えきる」大切さに自然と気付きます。

STEP3のポイント

子どもの意見を引き出すために
次の4つを心がけてみてください。

①簡単な質問から始める
②親から先に意見を述べる
③観察力を高める質問を投げかける
④あえて非現実的な質問を投げかける

● レバイン・メソッドは何歳から導入すべきか？

レバイン・メソッドは何歳から導入するのがベストかよく聞かれます。

まず思い出していただきたいのは、ＳＴＥＰ１の目的です。

ＳＴＥＰ１では、親自身が意識して世界を見ることで、子どもの見本となります。そのために、次の行動が必要です。

・「当たり前」を捨てる
・自分のアイデンティティを理解する
・伝統を大事にしながらも、疑問を持つ
・「目標」を常に持ち続ける
・積極的にニュースなどを見て、家族で話し合う

この5つは子育てと関係なく、**グローバル化した21世紀を生きていく上で不可欠なスキ**

ルです。そのため、STEP1は子どもが生まれる前から始めることができます。高校生や大学生の頃から自分のライフスタイルに取り入れることができれば、将来グローバルな環境において、より可能性を広げることができます。子育てにおいては、子どもが生まれるタイミングから親自身が意識的に世界を見るようにすることが理想です。

STEP2の目的は、世界のいろんな情報に子どもを触れさせることなので、こちらも0歳から始められます。私も子どもたちが0歳の時から一緒にニュースや映画を観て、何が起きているかを常にナレーションっぽく解説していました。ただ2歳までは子どもの反応は薄いかもしれませんので、本格的導入は4~5歳からでも問題ありません。

そして、STEP3については4~5歳になってからが良いと思います。なぜなら意見を伝えるためには親子間でコミュニケーションのキャッチボールができる必要があるからです。

例えば、2つのぬいぐるみを見せながら「どっちが好き?」と聞くこともできるので、0歳から導入できなくはありません。ただ子どもに質問した時、自分なりに考えて意見を伝えてくれるのは、やはり4~5歳を待たなくてはいけません。

子どもが4~5歳になってからレバイン・メソッドを始めてもかまいません。その場合はSTEP1とSTEP2を6ヶ月から1年間先行して始め、その後、少しずつSTEP3に入ることをお勧めします。STEP1とSTEP2なしで、突然「正解のない質問を投げかけても、世界についてのインプットが子どもには足りていない状態なので答えにくく、「わからない」などの一言で終わります。

またできることなら6歳までにレバイン・メソッドを始めていただきたいです。その答えは「ハーバード・ビジネス・レビュー」にあります。[7]

> 子どもは4歳になるまでは自分の住んでいる世界について興味があり、常に質問をします。しかし6歳半になると、あることに気付きます。それは、先生が生徒に求めるのは、質問をする力ではなく、正解を答える力であるということです。その時点から、子どもがそれまで自然に持っていた世界への好奇心は少しずつなくなっていくのです。

この記事の通り、子どもは小学校に入ってすぐに、少しずつ「正解」にこだわるようになってしまいます。学校では「正解」ばかりにぶつかるようになるので、それまでに家の中で、世界は「正解のない」問題にあふれていることに気付かせることがベストです。

しかしながら、この年齢通りに行えなかったからといって、レバイン・メソッドを取り入れないという選択肢は持ってほしくはありません。なぜならば、お子さんが大人になっても一生親子で続けられる「終わり」のないメソッドだからです。

私自身、今でも父とレバイン・メソッドを行っている状態です。そのおかげで、お互いの意見を尊重し、常に世界について好奇心があるという親子関係を築くことができています。

ぜひ皆さんも期限を設けず、その素敵な親子関係を続けていっていただきたいです。

第3章

「レバイン・メソッド」を行う前に

第2章でご理解いただけたかと思いますが、「レバイン・メソッド」はチェックリスト型の子育てではありません。親子の関係自体を変え、主体性や自己肯定感を育てるためには「このシチュエーションではこうしましょう」と当てはめていくだけではできないことです。

とは言っても、どうやって始めればよいか悩まれる方々も多いでしょうから、第4章ではシチュエーション別の使い方の一例をお伝えしたいと思います。しかしながら、それはあくまで「レバイン・メソッド」の手段であり、基礎となるものではありません。

この章では、

「日常における子どもとの接し方を変え、年齢にかかわらず対等な関係を築き、親子で世界を新鮮な目で見て毎日の成長を目指し、日頃、子どもの主体性と自己肯定感を高める」

という「レバイン・メソッド」に取り組む前の基礎となる部分を共有します。次の7つの基礎を守っていただければ、どなたでも、どんなシチュエーションであっても「レバイン・メソッド」を行うことができます。

①親子で相互の尊重と信頼を持つ
②子どもの気持ちを否定せず、決してバカにしない
③人を傷つける発言だけは許さない
④子どもの意見を「正直に」褒める
⑤子どもの意見に反論してもいい
⑥それぞれの家庭にあったペースで進める
⑦エンパシーの大切さを子どもに教える

子どもと接する際には、ぜひとも念頭に置いていただきたいことなので、1つずつ説明していきます。

1 親子で相互の尊重と信頼を持つ

世界中の親に共通していることが1つあります。

それは自分の子どもに対する愛です。

「愛」と「親」という言葉は切っても切り離せない関係だと私は思っています。

その「我が子への愛」と同じくらい大切なことがあります。

それは「**我が子への尊重**」です。

多くの親は「子どもを尊重する」前に、まず「守ろう」としてしまいます。

子どもの健康や安全を守ることは、もちろん大切なことです。しかし、0歳から子どもの意見や意思を尊重することは、彼らの主体性と積極性を育てることにつながります。

アメリカ人の子育て、そして私が育てられたユダヤ人の子育てにおいては、この「尊重」が徹底して行われています。アメリカ人の子どもと話したことがある方はおわかりになるでしょうが、彼らは自己肯定感が高く、自分の意思を主張することができます。それはこれまでお話ししてきた通り、幼い頃から意見を尊重される子育てが行われているからだと思います。

そのため「子どもを尊重する」ことは、レバイン・メソッドで一番大切にしていることと言っても過言ではありません。

ここでは、私がどのように「子どもを尊重」しているか簡単にご紹介します。

1)「いいから聞きなさい」は使わない

「いいから聞きなさい」という言葉は、「私の立場のほうが上なのだから、考えることなく従いなさい」と子どもに受け取られます。

このセリフを上司に言われたと考えてみてください。自分の考えに対して聞く耳を持っていないのだなと感じますよね。

もちろん命に関わる時など、この言葉が必要な場合もありますが、日常の子育てでは極力控えるようにしています。

当然、親の言うことに従ってほしい時はたくさんあります。その場合は、「いいから聞きなさい」というのではなく、まずお願いしている理由を伝えることから始めましょう。

友人や同僚と話す時と同じです。彼らには唐突に「いいから聞きなさい」とは絶対に言いませんよね？　それは「相手に失礼だ」と思っているからこそのはずです。
同じように、子どもに対しても尊重する姿勢を見せることが大事なのです。
「子どもを一個人として扱う」というのは、まさしくこのことです。

2）子どもの前でスマートフォンに集中しすぎないこと

２０１４年、ファストフード店で食事中にスマートフォンを触る親と触らない親についての観察調査が行われ、親として非常に考えさせられる結果が発表されました。

親が子どもの前でスマートフォンに夢中になればなるほど、子どもが癇癪《かんしゃく》を起こす可能性が高まったのです。考えれば分かることですが、子どもがいくら親にアピールしても、スマートフォンに夢中になっている親はそれに気付きません。一緒の場にいるはずなのに、子どもは一人で過ごしているように感じてしまうのです。

この調査を行ったボストン・メディカル・センターの小児科学の博士は、子どもの前での親の長時間のスマートフォン使用は、子どものコミュニケーション力の低下につながると警告しました[8]。

私自身実感していることですが、人は幼いうちに「どうやって他人とコミュニケーションをとるか」を学びます。しかしながら、一番身近な人物が常にスマートフォンをチェックし、まったく会話をしないと、「コミュニケーションはこういうものだ」と間違って覚えてしまいますよね。

さらに悪いことに、親がスマートフォンばかり見て、子どもの話を聞いてくれないという状況が何度も続くと「どうせ私の話なんか誰も聞きたくないんだ」と思うようになります。すると「意見を楽しく伝えたい子」に育つことは難しいですよね。

もちろん仕事などの都合上、どうしても電話に出ないといけなかったり、メールをチェックしなければいけない時はあります。

そんな時、私は2歳の娘にも、「マミーは今、大変な仕事が入ったのでちょっと失礼します。すぐ終わるからね」とちゃんと謝ります。会社の同僚と食事をしている場合、同じように謝るはずですし、スマートフォンばかり見ていませんよね。子どもにも同じ「尊重」を見せることが大事なのです。

3）子どもの判断を尊重すること

2歳の娘・オリビアは、最近恐竜のパジャマがお気に入りで、その姿のまま外に行きたがります。パジャマですから、寝る時にだけ着てほしいのですが、どうしても着替えたくないようです。

娘の気持ちをどうすれば変えられるか何度も考えました。しかし気付いたのです。恐竜のパジャマを着て出かけることは、彼女の意思であり、彼女自身が下した判断だということに。

私が反論して着替えさせると、彼女は「私の意思は簡単に無視されてしまうんだ」と思ってしまうかもしれませんよね。

また「パジャマだから外出時に着てはいけない」というセリフ自体も省みました。そして、その言葉にはなんのロジックもないことにも気付いたのです。

「外は寒いから、この薄いパジャマのままだと風邪をひいてしまうよ」という理由であれば、自信を持って娘に反論したと思います。ですが、「とにかくパジャマは家の中でしか着てはいけないよ」というのは理由になりません。なので反論せず、彼女の意思を尊重することにしたのです。

もし、会社で上司に「やりたいこと」を提案した際に「他の人がやっていないからダメだ」と言われたら、どう思うでしょうか？　前例にばかり左右される古い考えの上司だと思いませんか？　そういうセリフや考え方こそ、イノベーションを阻んでしまうのだと思いますよね。家でも、そういう理由で子どもに反論するのは得策ではありません。

確かに子どものやりたいことと、親が子どもにやってほしいことが相反することは多々あります。

私の場合、まず自分が反論している理由について、もう一度冷静に考えてみるようにしています。もちろん子どもの命に関わるような深刻な場合には、子どもに論理的に説明して譲らないことがほとんどです。しかし多くの場合は、自己中心的な理由で反対していることに気付きました。

娘の恐竜のパジャマの例で言うと、パジャマよりももっと可愛い洋服を着てほしいという自分の気持ちを優先させ、娘の気持ちを考えていなかったのです。

子どもたちの日常の「判断」や「選択」を尊重し、それを行動に移すことは彼らの自信となり、「自分の意見は尊重される」という自己肯定感にもつながります。

そのため、意味のない反論はしないように意識しています（本当は可愛い洋服を着てほしいけれども……）。

2 子どもの気持ちを否定せず、決してバカにしない

レバイン・メソッドのSTEP3では、親と子どもの深いコミュニケーションのキャッチボールを行います。様々な状況下で子どもに意見を求め、返答を受けた親がさらに自分の意見を話すというやり取りを繰り返していきます。

この繰り返しにおいて重要なことは、子どもが「何を話しても受け入れてもらえる」と思える環境を作ることです。

アレックスが4歳の時のことです。彼から「僕もスカートをはきたいな」と言われました。普段から「男性はスカートをはかないよ」という教えはしないように心がけています。ですので普通に、「そうだね。マミーもたまにスカートをはくのが好き」と返しました。

ところが、その次にアレックスの口から出てきた言葉に非常に驚いてしまい、どのように答えるべきか、かなり迷いました。

それは、「スカートをはきたいけど、他の子に笑われるね」という言葉でした。

「自分らしく生きてほしい！」とすぐさま伝えたかったのですが、悲しいことにアレックスの言う通りでもあります。スカートをはいている男の子を見て笑う人もいるかもしれません。彼の気持ちを否定したくなかったのですが、正直に世界について教える必要もありました。

悩んだ末、次のように伝えることにしました。

「残念ながら、世の中には『女性は〇〇してはいけない。男性は〇〇してはいけない』と思い込んでいる人がたくさんいるね。なので、アレックスの行動に反対して何かを言う人もいるかもしれない。でも、アレックスが自分らしく生きていくためにやりたいことがあれば、もちろんそのことが他人に悪影響がない前提で、その行動をサポートするし、何か言われたらマミーがアレックスを助けるよ」

「あの対応でよかったのかな？」と、いまだに考えます。まだその答えは、はっきりと出ていませんが、唯一はっきりしていることは、**アレックスが私を信じて、素直な気持ちを伝えてくれたのがとてもありがたかったこと**です。心の中にある彼の不安を簡単に打ち明けてもらえて、何よりも母として安心させられたのです。

我が子がいじめられた時に、多くの親が最初に思うのは「もっと早く知りたかった」ということです。早く知ることができれば、対応できる選択肢が増えます。また、子どもが一人で抱えなければならない寂しさを親子で分け合うことができます。

私も高校1年生の時に、かなりひどいいじめにあいました。相手は3人の男子生徒でした。高校に入学した初日の朝一番に起こったことだったので、「高校自体が嫌い」になってもおかしくない話です。

学校から帰ると父から「高校の初日はどうだった？　楽しかった？」と聞かれましたが、私は軽く返事をしてすぐに部屋に入りました。数分後に父がやってきて、「様子がいつもと違うからきっと何かあったんでしょう。なんでもいいから教えて」と言われて、すべて打ち明けました。その瞬間に、抱えていた心の痛みは急に軽くなり、少し楽になることができました。

その翌日に、父はすぐさま学校と話し合いの場を設けてくれました。学校としても「信じられない」出来事だったため、いじめた生徒たちは校長先生に呼ばれて、謝罪することになりました。

父にすぐに打ち明けられたのは、長年にわたる「アイシャのどんなところでも受け入れてあげる」という父との関係があったからこそです。

子どものすべてを受け入れ、それでも愛すという姿勢は、本当に親の特権です。関係作りにはもちろん何年もかかります。しかし、いくら大変なことであっても、将来、学校などで子どもたちに何かの問題が起きた時、すぐに相談できる相手でありたいと思っています。そのためにも、子どもたちには家の中で常に「自分らしく」いてほしいですし、考えていることや心の中で抱えている気持ちを遠慮なく私たちに伝えられる環境作りを心がけています。そのために必ずやっていることは、**子どもの気持ちを否定しない**ことと**子どもの気持ちをバカにしない**ことです。

皆さんも経験があるかと思いますが、自分の意見を伝えた時に、常に否定されたり（反論ではなく）笑われたりすると、話したい気持ちがなくなってしまいますよね。

子どもの意見を聞いたあとに「それはおかしい」や「何を言っているのかわからないな」といったセリフは極力避けるようにしましょう。

3 人を傷つける発言だけは許さない

「子どもの意見と気持ちを否定しない」と先ほどお伝えしましたが、1つだけ子どもの発言を否定する場合があります。

それは、**子どもの発言が他の人を傷つける時です。**

子どもは悪気なく、いろいろなことを話します。その中には他人の悪口や差別的発言がまざってしまうことがあります。その発言をした瞬間に、なぜだめなのかを論理的に説明しなければいけません。

10年ほど前、甥のジョニーが4歳の時に、夫のタカに対して「肌が黒いね」と言ってしまいました。夫自身は何とも思いませんでしたが、差別的発言に常に意識を持たなければならないアメリカで育った私と父からすると、明らかにNGな発言でした。すぐにジョニーに説明し、そういう言い方をやめるように伝えたのです。

しかし夫は、なぜジョニーに説教をしているのか理解できませんでした。夫に言わせると、ジョニーには悪気がなく、実際に夫の肌のほうが黒かったので、私と父の反応が大げさなものに感じたようです。

どこまで子どもに指摘するかは家族によるところも大きく、さらに言えばその家族が暮らす国や社会にもよります。そのため「この発言は不適切である」や「差別的である」と言い切れない難しい問題です。

だからと言って、気を配らなくていい問題ではありません。親としてはアンテナを常に張り、日本以外の場所ではどう捉えられるのか意識すると、子どもたちも自然にそうやって周りの世界を見ることができるようになると思います。そして、自分の行動と発言が適切かどうか、判断できるようになっていきます。

4 子どもの意見を「正直に」褒める

YouTubeチャンネルを視聴している方はご存じでしょうが、私は子どもたちをよく褒めます。

本人たちを褒めるだけでなく、他人と子どもについて話す時には完全に親バカとなり、子どもたちの良いところをついつい語ってしまいます。

「褒める」ことを意識して子育てしているかどうかは、YouTubeのコメントやＤＭでもよく尋ねられることです。そのため、ここでは褒めることの大切さについてお伝えします。

家族を簡単に褒められるかどうかは、文化と大きく関係します。日本人は身内を褒めない文化である印象を受けます。家族に限らず、仕事の上でも上司が部下を褒めているのをあまり見かけません。夫には言いにくいのですが、私自身、結婚生活を通じて「もう少し褒められたい（認められたい）」と思ったことがあります。

「日本人は謙虚だから」「褒めると、それに満足して手を抜いてしまう」「ただただ恥ずかしい」と理由は様々でしょうが、日本人が褒めることを得意としない国民性かどうか突き詰めたいわけではありません。ここで述べたいのは、「褒める」ことが子どもに対していかに大事であるかについてです。

ここ数年「褒める大切さ」が日本でも注目されるようになりました。子育てにおいても、年々トピックスとして取り上げられる頻度が増している印象を受けます。

レバイン・メソッドにおける「子どもが自分の考えに自信を持ち、その意見を積極的に伝えるようになる」という目標にも「褒める」ということが非常に重要です。

「あなたの意見はおかしい」「その意見は間違っている」と毎日言われる人と、「さっきの意見いいね!」「なるほどね〜」「私も考えさせられたなー」と毎日言われる人のどちらが自信を持って自分の意見を積極的に伝えられるかは明白です。

この考えが家庭内にとどまらず、世の中の上司にも浸透すれば、より革新的なアイディアが生まれやすい職場になるはずです。「褒める」ことがもたらす恩恵は何も子どもに限った話ではありません。

話は戻りますが、レバイン・メソッドにおいて「褒める」という行為は、子どもが一生懸命考え、伝えてくれたことを「認める」ことにつながります。「自分の意見を伝える」という簡単ではないことを認められたからこそ、また同じようにしたくなるはずです。

しかしながら、「褒める」ことに慣れていない日本人の方からは、「どうやって子どもを褒めればいいのかわからない」というコメントを多くいただきました。

そこで、いくつかの「子どもを褒める」ヒントをご紹介します。

1）正直に褒める

レバイン・メソッドの基礎である子どもと対等な関係を築くため、「子どもに嘘をつかない」ことを意識しましょう。正直に「素晴らしい」と思った時だけ褒めるのがベストです。嘘をついてまで褒める必要はありません。

もし「すごいな」と感じる機会が少ないのであれば、子どもの視点に立って考えてみるのがよいでしょう。大人にとっては簡単なことかもしれませんが、子どもたちがこの世界にわずかな期間しか住んでいないにもかかわらずここまで頑張っていることを認識できれば、自然と彼らの頑張りを褒めたくなりませんか？

子どもたちの褒めるべきところは、多すぎるくらいあるのです。

2）結果を褒めず、努力と過程を褒める

多くの親が子どもを褒められない理由は、おそらく完璧な結果を出していないからだと思います。完璧ではないのに褒めるべきかどうか悩む気持ちは、私にもよくわかります。しかし、アメリカの最先端の子育て論では、結果は褒めるべきではなく、努力と過程を褒めるべきだと勧めています。

「Developmental Cognitive Neruroscience」（発達認知脳科学）の2017年4月号に、非常に興味深い研究結果が発表されました。努力で結果は変わると信じる人のほうが、生まれつき才能は決まっていると考える人よりも、成長できることがわかったのです。

数名のアメリカの大学生が、「Growth-minded students」（成長思考学生）というグループと「Fixed-minded students」（固定思考学生）に分けられました。成長思考グループは人の可能性はその人の努力次第であると思うグループです。後者（固定思考グループ）は、生まれつきや育て方など、コントロールのできない要素で人の成功が決まると信じるグループです。

2つのグループに高度な知的試験を受けさせました。試験後、両グループに対して試験の結果と「正解」も教えることにしました。

2つのグループを比較した時に、大きく異なる点が2点ありました。1つ目は、成長思考グループは正解を教えられた時に、もう1つのグループより真剣に聞いていました。実験中に計測していた脳電位からも明らかでした。

もう1つは、両グループに再度同じ試験を受けさせたところ、成長思考グループのほうが1回目と同じ間違いをせずに、より正答することができたのです。

同じような実験を123人の子どもに対して行ったところ、まったく同じ傾向が確認できました。つまり、成長思考の子どもは、失敗したとしても、そこから学び取り成長する可能性が高かったのです。[9]

ここでお伝えしたいことは、

「人が何かに秀でているのは生まれつきである」と信じるよりも、「人は努力で成長できる」と信じたほうが、たとえ失敗したとしても、その失敗から上手く学び、前進できるということです。

同じような研究結果はたくさん発表されています。そのため、最新の子育てでは、子どもを褒める時に、「3歳なのに絵本が読めるなんて、〇〇は天才だ！」や「100点を取れるなんて○○は頭がいいね」ではなく「○○は、よく頑張ったね」とか「○○は諦めないで最後までやりきったね！」などのような「過程」を褒めるほうが効果的だと言われています。

なので、ひとまず結果は置いておき、その結果にたどり着くまでの子どもの努力にフォーカスすると、より正直な褒め言葉をかけてあげられるようになるはずです。

3）具体的に褒める

会社の面談で上司に「よくやっているよ」と一言だけ評価されても、「本当にそう思っているのか」と半信半疑になりがちです。しかし、「職場にいつも新しいアイディアを持ち込んで、チーム全体のモチベーションをあげてくれて非常に助かっているよ」というように具体的に褒められると、その言葉を信じられると思います。

子どもを褒める時も同じです。子どもが意見を伝えてきた際に、「面白い」と一言で返すのではなく、どこがよかったと感じたのか具体的に話すようにしましょう。もちろん「正直に」です。

子どもがせっかく意見を伝えても軽く褒めて流すと、子ども自身もその意見がどうよかったのかフィードバックをもらうことなく終わってしまいます。フィードバックをもらうことは、自身の意見を見直す機会にもなるので、学びの場を失ってしまうことにもなってしまいます。

4）「褒めることの大切さ」について半信半疑なあなたへ

ここまで、褒めることの大切さをご紹介してきましたが、まだピンときていない方のために、1つの事例をご紹介します。

オーストラリアで「リッドコム・プログラム」という、6歳未満の子どもの吃音を軽減、解消する治療法が開発されました。日本ではあまり知られていませんが、自然回復よりも7・5倍軽減する傾向にあるという研究結果が実際に出ています。[10]

その画期的な治療法は、ただ「親が褒める」ということだけです。

もちろん言語病理学者と相談しながら行いますが、主な治療は家庭内で親によって行われます。日常生活において、子どもがどもらない場面で親が適切な褒め言葉を薬のように与えていくのです。

この「褒める」ことに特化した治療法により、自然回復するよりも効果的に吃音を治せることが明らかになったのです。
人を褒める力は、決して大袈裟ではないのです。

5 子どもの意見に反論してもいい

子どもがせっかく意見を伝えてくれたのだから、反論しないほうがいいのではと思われる方も多くいらっしゃるでしょう。

しかし、思い出してください。**レバイン・メソッドにおいて一番大切にしている親子の関係は「対等」であることです。**

話し相手が自分の親友であると想像してみてください。そうであれば、相手の意見を聞いたうえで、正直に自分の意見を伝えますよね？　それはコミュニケーションや友達（人間）関係の基礎となるもののはずです。

もし、何に対してでも「そうだね。私もそう思う」と同調するばかりの友達であれば、ちゃんと自分と対話してくれているか不安になりませんか？

子どもも同じです。頑張って思っていることを親に伝えても、いつも「そうだね」と返されると、「流されている」と思い始めてしまいます。そのため子どもの言ったことをよく聞き、**親も自分の意見を正直に伝えることがとても大事なのです。**

子どもの意見と反対であっても、問題ありません。その場合は正直に親の意見を伝えればいいのです。ここで注意していただきたいのは、あくまで**子どもの意見に反論してもいいのであって、否定していいわけではありません**。子どもの意見を認め、受け入れたうえで、それとは異なる親の意見を子どもたちに伝える（＝反論する）のです。

また、「子どもの考える力を育てるために、あえて反論してディベートのように対話することが大事」という子育て本を読んだことがありますが、私はそれに賛同できません。

確かに反論することで、子どもはさらに考える機会を与えられるかもしれませんが、「あえて反論する」ことは親が「嘘をつく」ことにつながります。

子どもは親の嘘に敏感です。一番信頼すべき親が嘘をつき始めると、信頼できなくなってしまいます。

なので「あえて反論する」のではなく、子どもの意見を正しく受け取って、賛同できる時は「〇〇のここの意見に賛成だな」と具体的に伝え、反対の意見の時は正直に伝えることが大事です。

6 それぞれの家庭にあったペースで進める

夫と2人で運営しているオンラインサロンで、昨年セミナー形式でレバイン・メソッドを紹介しました。シチュエーション別での使い方を話した際に次のような質問を受けました。

「私はごっこ遊びはすぐに飽きるし、苦手です。どうすればいいですか？」

何度もお伝えしていますが、レバイン・メソッドを実践するためには「ごっこ遊び」といった、ある決まったシチュエーションを行わなければいけないわけではありません。

「一個人として、子どもの意見と意思を尊重しているか」

「子どもの意見を聞いて、親自身がその意見を受け止め、自分の考えを子どもに返すという対等な会話ができているか」

というコアの部分を徹底することさえできれば、わざわざ苦手な「ごっこ遊び」をしなくてもかまいません。

ご家庭にあったシチュエーションや形で、どんどんインプットや対話を繰り返していけば、子どもの「自分で考える力」につながるはずです。

7 エンパシーの大切さを子どもに教える

最後にお伝えしたい「レバイン・メソッド」の基本は、耳慣れないもので、少し長い話となりますが、ぜひともお読みいただきたいです。

「子育て」からなかなか連想しない言葉で、大事なものがあります。

それはエンパシーです。

ケンブリッジ英英辞典によると、「empathy《エンパシー》」の定義は、“the ability to share someone else’s feelings or experiences by imagining what it would be like to be in that person’s situation”「他人の状況を想像し、相手の気持ち、もしくは経験を共感する能力」です。一言で言い表せる日本語はありません。

「共感」が近いと思われるかもしれませんが、おそらく「思いやり」のほうが近いような気がします。ただし「エンパシー」に含まれるニュアンスは「共感」と「思いやり」でも完全には補完できません。

そもそも、なぜ子育て本に「エンパシー」の話が出るのか、理解しづらい方もいると思います。

しかし私にとって、「子育ての基本はエンパシー」と言っても過言ではありません。

その理由は、簡単です。

「我が子にどのような大人になってほしいか？」と聞かれると、「いい人になってほしい」と答えますよね？　私ももちろんそうです。

アレックスとオリビアを見るたびに「世界をより良い場所にする」大人になってほしいと思いますし、困っている人には常に手を差し伸べてほしいです。周りの人の気持ちを理解して行動してほしいとも思いますね。このことを否定する親は、おそらくどこにもいないと思います。

「エンパシー」は「世界をより良い場所にする」ために欠かせない能力です。

２０１４年のスタンフォード大学の卒業式で、Microsoft共同創業者のビル・ゲイツと当時妻であったメリンダ・ゲイツは、楽観主義とエンパシーによって世界を変えようと卒業生に呼びかけました。「貧しい人や病気の人と心の底から向き合い、その経験を世界をより良い場所にするために活かしてください」とアドバイスしたのです。他にもバラク・オバマ元アメリカ大統領やAppleのＣＥＯティム・クックもエンパシーについて言及しています。

しかし、こんなに大事なことなのに、日常の子育ての中で積極的に「エンパシー」を意識して取り入れている親はまだ少ないような気がします。だからこそ、レバイン・メソッドの基礎として「エンパシー」を置いています。

「エンパシー」に馴染みのない皆さんに、私が親友のニック・アシュレイ氏と定義した、子育てにおける「エンパシー」についてお伝えします。

まずは私の親友のニック・アシュレイ氏をご紹介します。長年日本に住んでいるニックは私と同じように日本の文化が大好きです。そして何よりも、私の知人の中で最もエンパシーを日常の中で発揮している、私が大尊敬する人物です。

先日、彼と私はエンパシーについて深く話し合っていました。そこでニックがあげたエンパシーの定義は、まさに私が毎日の子育ての中で常に意識している考え方だったのです！

ニックが提案するエンパシーの定義は、次の3つから構成されます。

1）相手の価値観が違うことを認めること

エンパシーの基本は、相手（全員）の価値観が違うことを認めることです。

夫のタカが気付かせてくれたことですが、同じ国で育った人同士でも、同じ言語を話す人同士でも、家族であっても、まったく同じ価値観を持つ2人はどこにもいません。皆がそれぞれ違う価値観や考えを持っていて、たとえ同じ日本人であっても、それを理解しないといけません。

だからこそ、まずは「相手は自分と違うことを考えている」という前提をもって、人と接しなくてはいけません。

2）他人の苦しみを認めること

相手の価値観が違うことを認めた後、相手には自分が経験していない苦しみがあるかもしれないことを想像する必要があります。人は皆、違うからこそ、自分自身が経験していない苦しみを相手は経験しているかもしれません。

だからこそ、人それぞれの苦しみや苦労があることを理解しなければいけません。そして、当然、その苦しみを無視しないことです。

3）他人の苦しみを見たら、行動すること

「苦しんでいる人を見ても無視していいよ」とは、おそらくどの親も子どもに教えないと思います。かと言って、理解しただけで終わってしまってはエンパシーではありません。「苦しみを見たら行動する。助ける」この行動こそが、エンパシーで一番大切な部分です。苦しんでいる者の姿を見て、手を差し伸べることができるのは人間だけです。行動を伴わないエンパシーは、意味がないのです。

イギリスのチャリティー団体“Charities Aid Foundation”が２０１８年に発表した「思いやり指数」ランキングにおいて、日本は１４４か国中１２８位でした。[11]

この指数は、「直近1ヶ月の間で、以下の３つのことを行なったかどうか」という質問に対する回答の割合からはじき出されています。

・助けを必要としている見知らぬ人を助けたか？

・寄付を行ったか？

・ボランティア活動を行ったか？

皆さんのこの1ヶ月間の行動はどうだったでしょうか？

日本人は、周りに迷惑をかけないように行動することは非常に長《た》けていると思います。一方で困っている人に手を伸ばした時に、それが「偽善」や「売名行為」、「余計なお世話」ととらえるネット上でのコメントを見ると非常に悲しい気持ちになってしまいます。

私も妊娠中に電車で席を譲られなかった時に、「日本人は優しいのになぜなんだろう？」と本当に不思議に思いました。いろんな日本人の友達と同僚に聞いてみましたが、多くの方の答えは、「譲ること自体が恥ずかしい」や「譲るべきかどうかを判断しにくい（譲られたくなかった場合、その人に不快感を与えるのではないかという考え）」でした。なので、「優しい」かどうかではなく、**自分とは違う立場にいる苦しんでいるかもしれない人を見て、助けるために行動を起こす**かどうかという問題だったのです。

誰かを助ける「行動」を起こしたことは非常に素晴らしいことですし、困っている人が助けられたのであれば、それはすなわち「善」だと思います。

もちろん、すぐに見知らぬ人に手を差し伸べることは難しいことだと思います。まずは

「偽善と思われたら恥ずかしい」や「断られたら恥ずかしい」と考えることなく、周りの困っている人を助けることから始めてみることをお勧めします。

しかし、「子どもにここまで教える必要があるのか？　重くないか？」と疑問に思われる方も少なくないと思います。

特にいじめなどの場合、「困っている人を助けると、我が子が次の標的になるのでは」という恐怖を抱える親もいるはずです。

しかし人類として、**「人を助けない」という選択肢はしてはいけません。**それだけです。人間はその責任があるのです。それぐらい広い視点から考えないといけません。

親切な行為を受けた人は、別の形で親切な行為をとる傾向があります。ただその行為を目撃しただけだとしても、それに感化されて別の親切な行動を起こすかもしれません。そうやって親切な行為は、いい形で連鎖していくのです。

実は、先日アレックスが幼稚園でいじめにあいました。本人にとってはかなりショックな出来事で、数ヶ月後の今でも、あの出来事についての話を私たちにしてくれます。もちろん幼稚園とも話し、関わっていた園児はもともと友達なので、すぐに謝ってくれました。

いじめから1週間後、アレックスは同じ幼稚園に通っている友達がメガネを隠されているところを目撃したそうです。そして、すぐに先生にそのことを伝えたのです。

その夜、アレックスからその話を聞きました。その時のアレックスの言葉を一生忘れません。

「僕も前いやなことをされたので、○○くんも同じ目にあっているのを見たら、どうしても守りたいと思った」

またいじめられるかもしれないという恐怖もアレックスの心の中にはあったと思います。しかし、他人の苦しみを理解し、行動を起こしたアレックスを心から誇りに思いました。そして、彼がエンパシーについて深く理解していることを実感したのです。

最後に「エンパシー」と「レバイン・メソッド」がどう関わるのか、お話しします。

レバイン・メソッドは、子どもに**一個人の大切さ**を教えるメソッドであり、**子どもに自分の声を与える**メソッドです。子どもに「声」を与えた以上、それに伴う責任も教える必要があります。

人を傷つけず、人の苦しみを無視せず助けようとする、いわゆる「より良く、より平和な世界作り」に、彼らの声を使ってもらいたいのです。

子どもに主体性と積極性を教えたいのは「入学試験などの合格」のためではなく、「カッコいいプレゼンテーションができるようになるため」ではなく、自分のオリジナルなアイディアを周りの社会や外の世界に与え、人類にとってより素晴らしい世界を築いてほしいからです。

たった一人の子どもにはそれぐらいの力があるのです。

そして、その力を手にした時どう使うべきかを毎日子どもに教えないといけません。それを教えられるものこそが、エンパシーなのです。

以上の7つの基礎をぜひとも守って、レバイン・メソッドを行っていただきたいです。章の始まりでも述べたように、次の章でご紹介するのはあくまで「レバイン・メソッド」の使い方の一例です。

ぜひ想像力を豊かに持ちながら、どうすれば子どもたちに世界についてのより広い視野を持ってもらえるのか、子どもを尊重している姿勢を見せられるのか考えていただけると幸いです。

第4章

朝から夜まであらゆる場面で使える「レバイン・メソッド」

この章では、実際に私が朝から夜まで「レバイン・メソッド」をどのように使っているのか具体的にお教えします。YouTubeチャンネルを視聴している方々には新鮮さに欠けるかもしれませんが、いかに私たちが日常の一部として「レバイン・メソッド」を行っているかがわかるはずです。

ただし、繰り返しお伝えしている通り、あくまでもこの章でお伝えすることは一例にすぎません。ご自身で使えるシチュエーションをどんどん見つけてください。第3章で説明した「レバイン・メソッド」の基礎の部分さえ守れば、どんなシチュエーションで使ってもかまいません。

朝の支度

朝は戦場です。どの家庭にとっても一番慌ただしい時間だと思います。もちろん私もイライラしてしまう時があります。ただそんな時こそできるだけ頭を冷やして、急がないといけない理由を説明するようにしています。

不機嫌な朝を過ごさないために

以前、公開した動画の中に、アレックスが朝の準備中に不機嫌になっているものがあります。確かに、頭が起きていない時にいきなり急かされると不機嫌になる気持ちもよくわかります。しかし、不機嫌だというだけで、ひどい言葉を投げかけられた時にはストップをかけるようにしています。

「もしアレックスが同じように言われたらどう思う？　嫌だよね？　じゃあその言い方はやめようか」と伝えます。

日本人のママ友によると、子どもが不機嫌な時に「ママ嫌い」と言われることがあるようです。彼女は、「つい笑って受け流してしまうんだよね」と教えてくれました。

しかし、何度もお伝えしている通り、子どもといっても「人間対人間」の対等な関係です。親は子どもに対して「○○嫌い」なんて言わないですよね。それと同じように、子どもも言ってはいけないんです。お互いの気持ちを考えて行動することは、エンパシーの教育にもなります。

もし朝に不機嫌になったとしても、そのあとの食卓で楽しい会話をして、ポジティブに転じられるように心がけています。

子どもに洋服を選ばせる

「アレックスは自分で洋服を選んでいるの？」という質問をよくいただきますが、もちろんそうです。

その日の洋服を選ぶことは、まさに「自分で考えて、自分で行動する」ことです。親から見たら「え、それを着るの？」ということもあると思います。ですが、風邪をひいてしまうような恰好や衛生的によくない場合を除いては、子どもたちの意見を尊重しています。

バイリンガルベイビー（BB）のTシャツを着るのがオリビアのブームだった時のことです。

保育園では1日2回ほど着替えるのですが、迎えに行った際、カバンの中に着替え終わったBBのTシャツが入っているのをオリビアが見つけました。「着たい」とせがむ彼女を「今朝も着ていたからダメだよ」と保育園の先生が止めました。冬だったので汗もかいておらず、汚れてもいなかったので、私はオリビアの意見を尊重することにしました。

もちろん先生の気持ちもよくわかりますし、先生と喧嘩をしようと思ったわけではありません。しかし、先生ではなく、オリビアの意見を尊重するほうが彼女にとって良い影響を与えると思ったのです。

日常において、子どもたちの声はどうしても小さく扱われてしまいます。だからこそ、「あなたのやりたいことは聞いているし、理解しているよ」と認めてあげることが大事なのです。そしてそれは、その子の自信につながります。

まだお子さんがたくさんの中から選ぶ判断ができない年齢なのであれば、まず親が用意した2つの中から選ばせることから始めてみてはどうでしょうか。子どもに「どっちのほうが好き？」とか「これはどう？」などの質問を常に投げかけることにより、子どもの判断力の練習にもつながります。

YouTubeを見てくださっている方はよくわかると思いますが、私は子どもたちが0歳の頃から常に「どっちがいい？」と聞いています。

ぜひ子どものためにも、親がすべてを選ぶのではなく、いろんな場面で子どもたちに選ばせてみてください。

ニュースを見る

第2章でお伝えした通り、ニュースは大事なインプットの機会です。

我が家では、朝は夫の担当なので私はメイクをしながらニュースを見ていることが多いのですが、気になる話題があった時は家族のもとへ行き、それについて話すようにしています。そうすることで、インプットだけでなく、親もアンテナを張っていろんなことを知ろうとしているんだという姿勢を見せる機会にもなります。

食卓での会話

デジタル化が進む中で、家族の時間は限られてきます。共働きの家庭ではなおさらです。そのため家族が顔を合わせる食卓での時間は非常に貴重です。

会話をせず、食事のマナーを身に付けることも大事かもしれません。しかし、会話ができるせっかくの機会を逃すのはもったいないと思います。食事のマナーは大きくなってからでも身に付けることができますが、「自分で考えて、意見を伝えきる力」は小さい頃から身に付けるほど効果的です。

また食卓で楽しく会話をする力は、社会人になってからの商談や会食の場でも必ず役に立ちます。食卓はぼーっとする場所ではなく、皆の大事な時間であり、楽しく会話をする場所であることを、ぜひ小さい頃から教えてほしいのです。

朝晩の食卓で、毎日1つでもニュースの話題について話し合う家庭で育った子が18歳になった時、世界についてどれだけインプットされているか想像してみてください。彼らの中にあるのは、教科書に頼らない、自分の考えとともに身に付いた知識であるはずです。いかに食事の時間が子どもの教育に貴重なものかわかっていただけるかと思います。

もし、どうしてもお子さんのマナーを優先したい方は、親が主に話して、少なくともインプットの場になるように心がけていただきたいです。親は食事のマナーを身に付けていると思いますので、親が世界について興味を持っていることを示しながら、軽く話すことがお勧めです。

我が家での食卓の話題をいくつかご紹介します。

今日の予定を話す

朝はいくら忙しくても、必ず夫にも子どもにも、その日はどんな予定があって、どんな気持ちなのかを伝えるようにしています。

例えば、「今日はプレゼンがあって、緊張しているんだ。でも楽しみでもあるよ！」とか「今日は朝から晩まで予定がつまっていて、ちょっと忙しいかもしれない。でも頑張ろう」など。

「今日はあまり会社に行きたくないな」と思う時も、正直に話すようにしています。私は基本的に仕事が大好きですし、会社に行きたいタイプなのですが、もちろんたまにはそういうこともあります。子どもたちに、人間だから気持ちには浮き沈みがあるし、そう思うのは悪いことじゃないんだよ、ということを教えるためにも毎日の予定と、そのあとに続く気持ちの部分を伝えるようにしています。

その流れで子どもたちにも今日の予定を聞いています。最初に自分の予定やそれに対する気持ちを伝えているので、「アレックスは、今日は幼稚園で何をするの？」と聞いても、「わからない」で終わることはありません。「ママが自分の気持ちを正直に伝えてくれたから僕も話そうかな」という気持ちになるのではないかと思います。

レバイン・メソッドで大事にしていることは、子どもたちが自分自身の気持ちを理解することと、それを正直に親に伝えたいと思うことです。そのためには環境作りが非常に大切であり、その環境を構築するには、まずは親からいろいろ話すことが大事なのです。

ちなみに、「子どもに対して、『仕事に行きたくないな』など、ネガティブなことを伝えすぎると子どももそうなってしまうのではないか」と思われるかもしれません。

もちろんネガティブに偏りすぎるのは良くないことです。しかし、人生においてポジティブな気持ちとネガティブな気持ちの両方を持つのは自然なことです。そのうえで、「ネガティブな時も楽しく頑張ってみる」姿勢を見せることが大事だと思います。

ポジティブとネガティブの割合でいうと、個人的にはだいたい8：2くらいを目指そうと思っています。

もし「自分ならばネガティブな発言がほとんどだな」と気になる方がいれば、これを機に、「どういう時にネガティブになるか?」や「ネガティブをなおすために何をすればいいのか?」を積極的に考えてもいいかもしれませんね。大人も子どもと同様に、常に成長を目指すべきだと思います。

ただどうしても辛い時、無理に「今日は楽しいね」と言う必要はありません。その時にはこのシチュエーションを選ばず、別の機会で「レバイン・メソッド」を試してみてください。

今日の目標を聞く

第2章でもお伝えした通り、目標や夢を持つことは非常に大事なことです。小さな目標でももちろんかまいません。例えば「ママは今日、会社で大変な仕事があるからちゃんと終わらせるね。アレックスは?」というふうに聞きます。

小さな目標をクリアしていくことでも、子どもたちに目標の立て方と、その達成の仕方を見せることができます。夕飯の場で、その目標が達成できたかどうか聞くのもいいと思います。

私自身、絵本を出版した時には、制作中ずっとアレックスに過程と現状を伝えていました。小さなマイルストーン（例えば、今日はイラストレーターさんと打ち合わせをするよ）もアレックスに報告するようにしていました。そうすることで、彼も過程を気にかけてくれました。ようやく出版できた時には、1つのゴールをクリアするのにどれだけ時間がかかるかや、諦めずにやり続けることの大切さを理解してくれました。

不思議な質問をあえて投げかける

家族は毎日顔を合わせるので、どうしても話題が少なくなったり、同じ話になったりしがちです。そういう時はちょっと変わった質問をするのも一つの手です。

我が家での一例をあげます。

「もしマミーとアレックスの体を交換できたらどうする?」という質問を投げました。まずは私が「アレックスは細いからダイエットをする必要がないよね。だからおにぎりをたくさん食べたり、朝から晩までアイスクリームを食べたりしたいな」と楽しく想像しながら答えました。

するとアレックスは「僕がマミーだったらパソコンを使って仕事をしたいな。あと運転できるから面白い所に行きたい！」と返してくれました。他にも「スーパーヒーローだったら、どんな超能力がほしい？」と聞いたこともあります。

突拍子もない質問ですが、現実で変なことを頼まれたり、聞かれたりしても、「えー」と固まるのではなく、とりあえず答えたり、動いたりする力を身に付けることができます。

通園中&帰宅中

私は車で子どもたちを送り迎えしているので、すべてを実践するのは難しいかもしれませんが、シチュエーションに合わせて使ってみてください。

楽しみにしていることを聞く

「今日の予定」と似ていますが、いろんな角度から聞くことができます。

・今日一番楽しみにしていることは何？
・今日一番会いたい友達は誰？　どうして？　どういう子なの？

・家に帰ったら何をしたい？

保育園や幼稚園に行く楽しさと、帰宅後に待っている楽しさを感じさせながら「正解のない」質問を投げかけるようにしています。

音楽を聴く

第2章でも紹介した通り、音楽はたった5分ほどでいろんな世界に連れて行ってくれます。音楽のジャンルについての話や作曲家・作詞家の話、また曲にまつわる自分の思い出などいろんな面からインプットができます。

目にしたものに関する「正解のない質問」をする

通園中・帰宅中はいろんなものを目にする大切な機会です。

例えば、花が咲き乱れている家があった時には、次のような質問ができます。

・お花がたくさん咲いているね。どうしてこんなにたくさんあるのかな？
　庭の手入れをしに来てくれる人がいるのかな？

・〇〇はどのお花が好きかな？　それはどうして？

・どんな人が住んでいると思う？
・〇〇なら、どういうお家を作りたい？

いきなりこういう質問を投げかけても、子どもは答えられないかもしれません。なのでまずは親から意見を伝えてみてください。そうすることで、子どもとの会話を通じて親子ともに想像力を豊かにすることができるはずです。私も小さな頃から、父と目にしたものについての話をよくしていました。

私が10歳の頃の話です。車で帰宅中、信号で止まっていた私たちの目にある光景が飛び込んできました。

「家賃を払えなかったので、私たちは家から追い出されました。住む場所がありません。助けてください」と書かれた段ボールを持った家族が道のそばに座っていたのです。

それを見た父は涙を流しながら車を降りると、彼らに幾ばくかのお金を渡しました。その後、父は私にホームレスについての話をいろいろしてくれました。「アメリカの人口の何%が貧乏なんだよ」という「知識」的なものではなく、「あの家族は今どんな気持ちだろうか」や「もっとしてあげたいな」というエンパシーにまつわるものでした。

「困っている人を助ける」という、父の素晴らしい人間性を本当に尊敬しています。

学校の帰りにも、このように世界の見方を変えることができるので、親と子のコミュニケーションの大切さが伝わりますよね。

また、相手の気持ちを考えるという機会を父がたくさん与えてくれたので、私はエンパシーの能力も高めることができたように感じています。

ディベート

「ディベート」という言葉だけを聞くと、難しそうに思われるかもしれません。しかし、ディベートは、2つの選択肢のどちらを選ぶかで成り立っています。「議論」と違って、白黒はっきりしているので、自分の意見に近いほうを子どもに選ばせることで、比較的簡単に家でもディベートを行うことができます。

ディベートは、論理的思考やコミュニケーション能力を身に付けるために有効な手法と言われています。それと同時に、他の人と違う意見であっても、積極的に伝えていいんだよということも教えることができます。

正直に言うと、アメリカでは家で「ディベート練習」を意識的に行っているわけではありません。なぜならば、学校などで自然にディベートや意見交換を行っているからです。

我が家の場合は、子どもたちが日本で生まれ育ったので、学校などでディベートにふれる機会が少ないのではないかと思い、家で楽しくディベートができるように工夫して取り入れることにしました。

アレックスが5歳になってからやり始めたのですが、最初は彼が「正解」にこだわることも多く、少し苦戦しました。しかし、回数を重ねるうちに、本当にディベートが上手になりました。

私たちは片道30分ほどかけて車で通園しています。春と秋に自転車で通園する時には1時間ぐらいかかるので、長い時間をディベートに費やすことができます。

アレックスとディベートをするテーマは、だいたいその朝にニュースで見たことです。もしくは、彼がその時にハマっていることにまつわるテーマにしています。

実際の私とアレックスのディベートの様子をお見せします。

❏私：ディベート大会する？

❏アレックス：うんする！（我が家では、ゲーム感覚で取り入れています）

❏私：じゃあ、何についてディベートしようか？

❏アレックス：トランプ（元アメリカ大統領）？

❏私：なるほど！　じゃあ、今朝ニュースで見ていた連邦議会の暴動はどう？
❏アレックス：あ！　いいね。
❏私：それじゃ、先日連邦議会で起きた暴動はよかった？　悪かった？
アレックスはどっちの意見？
❏アレックス：あの暴動は絶対に許せない。
❏私：わかった。じゃあマミーが「あの暴動は絶対に必要だったのでよかった」という立場で議論するね。アレックスが先に話す？　それともマミーから？
❏アレックス：僕から話したい。
❏私：OK。じゃあ「あの暴動は許せない」と私を説得してみて。1分、スタート！
❏アレックス：あの暴動のせいで人が死んだ。人を殺すのはよくないことでしょう？
❏私：そうだけど、トランプ支持者は、もういろいろと耐えられなくて可哀想でしょう？
❏アレックス：何があっても人に傷をつけるまでの理由がない。命でしょう。
❏私：でも、彼らが自分の声を聞いてもらうためには、そうするしかなかったんだよ。
❏アレックス：そんなことはないよ。声を聞いてもらう方法はいくらでもある。

❏私：あ、その通りだね。マミーの負けを認めるよ。いいディベートだったね。

このように1つのテーマについて、2〜3回ぐらい意見交換をして、いつも私が負けを認める形で終わります。

お話づくりをする

日本でも、手のひらを絵本に見立てて物語を作る「おてて絵本」が浸透していると聞きました。それとは少しだけやり方が違うかもしれませんが、我が家のお話づくりをご紹介します。

まず親がお話をして子どもにバトンタッチします。（もちろん逆でもかまいません）そして交互に話して物語を進めていきます。自分一人で作るわけではないので思いもよらないところにお話が転がっていき、大変ではありますがとても楽しいです。

慣れるまでは、ハロウィンやクリスマスなどイベントごとに関係するお話を作ってもいいと思います。子どもはもちろん親も想像力と創造力がどんどん培われるはずです。たまに「正解のない」不思議な話を親子で楽しむことで、日常が少し面白いものとなります。

遊びの時間

ごっこ遊び

一番簡単なのは、前日に観た映画の世界観で「ごっこ遊び」をすることです。アレックスが「アポロ13」を毎日のように観ていた1年は、いつも宇宙が舞台でした。寝転がって足を上げた状態で今から宇宙に飛び立ちます！と発射シーンの真似をしたり、エレベーターを使う時、宇宙飛行士の搭乗シーンの真似をしていました。

子どもの想像力や、「どうしたいか」という意見を引き出すのに、ごっこ遊びは最適です。それだけではなく、例えば、「宇宙には酸素がないんだよ。酸素って何か知っている？」というようにインプットの場ともなります。

虫が好きなお子さんであれば、もちろんそれをごっこ遊びにしてもOKです。どんどん子どもの想像力を豊かにし、まずは興味のある分野からインプットさせていきましょう。

実は、ごっこ遊びにはもう1つ大事な面があります。ごっこ遊びは完全に「子どもの世界」ですよね。いつもは、つい大人の世界に子どもを連れてこようとしてしまいます。ここで思い出していただきたいのは、「レバイン・メソッド」の基礎の1つである「親子の対等な関係性」です。

だからこそ、たまには親が子どもたちの世界に入って遊ぶことがとても重要です。確かに疲れるとは思いますが、世界が楽しいことを感じられる場に親子でしていきましょう。

おもちゃ

おもちゃとひとくくりに言っても様々なタイプのものがあります。

特にお勧めしたいのは、ボードゲームやブロックタイプのおもちゃです。コミュニケーションをとりながら遊ばなければいけないので、家族の時間が楽しく、より良いものになります。

『木製積み木　アルファベット　すうじ　カート入り』

アルファベットと数字とイラストの3つが描かれたブロックタイプのおもちゃです。30個すべて違う組み合わせになっています。我が家ではこのブロックを振り、出た目で文章を作って遊んでいます。自分で文章を作るのでクリエイティブにつながります。

例えば、5つのブロックを振った時に、次の5つの目が出るとします。創造力を活かすと、次のような文章が作れます。

■J（アルファベット）
■野球（イラスト）
■8（数字）
■アイス（イラスト）
■Z（アルファベット）

作った文章→Jack played baseball at 8am. After that he had an ice cream at the zoo.
訳：ジャック（Jから始まる）は朝の8時に野球をしました。その後、動物園（英語でZoo）でアイスを食べました。

このようなブロック遊びは創造力だけなく、フォニックス（発音と文字を結ぶ音声学習法。

各アルファベットの発音を先に教えることにより、知らない単語でも読めるようになる）の勉強にもなるので、バイリンガル子育て、かつレバイン・メソッドを行っている人にお勧めです。

『AGOクリスマス』

多くのカードにオープン・エンデッド・クエスチョンが書いてあるので、「自分で考えて伝える力」が養われます。

例えば、「ツリーの下にいっぱいプレゼントがあります。僕がクリスマスに一番欲しいものは？」という質問が書いてあり、その下に空欄があります。そこに自分で答えを入れないといけないんです。英語で書かれているので、もちろん英語の勉強にもなりますが、答えが１つではない質問に対して、自分の意見や自分が欲しいものを考えさせてくれるゲームなので、とてもお勧めです！

『AGO Brain Box』

１枚のカードを10秒じっと見ます。その後サイコロを振って、カードの裏に書かれている８個の質問のうち１つを答えないといけないという、記憶力ゲームです。

8個の質問のうち2個はカードの絵とまったく関係ないところが、このゲームの面白いところです。

例えば、「Pets（ペット）」のカードの場合、質問は次の通りです。

1）What color is the cat?（猫は何色だった？）
2）How many mice are there?（ネズミは何匹いた？）
3）What animal is sleeping?（寝ている動物は何だった？）
4）Do you have any pets?（あなたはペットを飼っている？）
5）What's the hamster doing?（ハムスターは何をしていた？）
6）Does the rabbit have black ears?（うさぎの耳の色は黒だった？）
7）What animal is eating?（食べ物を食べている動物は何だった？）
8）What pet in the card do you like best?（カードの中であなたが一番好きなペットは？）

4番と8番は絵とまったく関係がない、正解のない質問でした。このように正解のあるものとないものが混ざっているのは、世の中と同じですよね。本当に面白い玩具ですのでお勧めします！

お絵描き

最近は少なくなったそうですが、日本の多くのお受験のコースでは塗り絵をしている時に、「はみだしちゃだめだよ」とか「空は青色で塗ろうね」と教えることがあるようです。私が以前、お受験の先生から聞いた話ですが、お受験では「ルールをどこまで守れるか」を問われるため、どうしてもそのようなお絵描きになってしまうとのことでした。ただその先生自身としては、「創造力にとっては本当にもったいないことだな」と思いながら受験生に教えていたそうです。

そこで私がお勧めしたいのが〝クレヨラ〟というブランドです。日本ではあまり知られていませんが、アメリカの老舗《しにせ》ブランドであり、アメリカ人の子どもの「自由な発想」を手助けしてくれるものの1つと言っても過言ではありません。

クレヨラは、「色」の会社です。クレヨンやマーカーの商品が多いですが、「色」から派生した、いろんな玩具を作っているメーカーです。我が家にもクレヨラの商品が数え切れないほどあり、動画にも何度も出ています。

お絵描き

クレヨラの何がいいかと言うと、赤色1つとっても何種類もあるところです。親もどの色を選べばいいか非常に迷います。ついついお子さんに「この色がいいんじゃない」と決めてしまう親御さんであれば、クレヨラのように選択肢が多すぎて、親も選ぶのが難しい環境を作るのも一つの手だと思います。「クレヨラクレヨン96色シャープナー付き」というクレヨンは特に魅力的で、皆さんにお勧めしたいです。96色も入って1500円ほどのお手頃価格というのも魅力の1つです。

日本の多くのインターナショナルスクールでも使われているブランドです。多くの先生が、子どもにお絵描きの課題を与えた時には、できるだけ「その人のオリジナル」を作ってほしいと思っているそうです。そのためには、どうしても色の種類が必要です。

「なぜたくさんの色があったほうがいいの？　赤は1つだけで十分じゃない？」という意見の方も少なくないと思います。特に日本で育った方は、12色のクレヨンで十分に楽しめた経験があるからこそ、たくさんの色がもたらす効果を想像しにくいのかもしれません。

そこで考えていただきたいのが、人の「個性」や「アイデンティティ」についてです。それについて表す言葉は山ほどあります。しかし、もし10個しかなければ、一人ひとりのことを言い表すことは難しいと思います。

お絵描きも同じです。たくさんの色があったほうが、その子の個性をより正確に表現できるのです。せっかく色鮮やかな世界に住んでいるのに、12色だけでは勿体ないと思いませんか。

また、どの色を選ぶかを子どもに任せることは、その子の判断力構築につながるという効果もあります。もし間違った判断をしたとしても、次にどうすればいいのかという糧《かて》になります。

またクレヨラは「カラーオブザワールド」というクレヨンセットも販売しています。現在、日本でも「ベージュ」を肌色と言わないようになりましたが、この多様な肌色の中から色を選ぶことで、世界には様々な人がいるのを意識するようになれる商品です。

クレヨラに限らず、ぜひ子どもたちとたくさんの色を使ったお絵描きを楽しんでください。子どもの発想力、想像力、自由さが増すはずです。

遊びの時間にお勧めのおもちゃとクレヨン

木製積み木 アルファベットすうじ カート入り

積み木遊びをしながら英語や数字との
距離を縮められるおもちゃ

AGOクリスマス

クリスマスにまつわる「正解のない」
質問を楽しめるカードゲーム

AGO Brain Box

遊びながら記憶力と
英語の基本を養えるカードゲーム

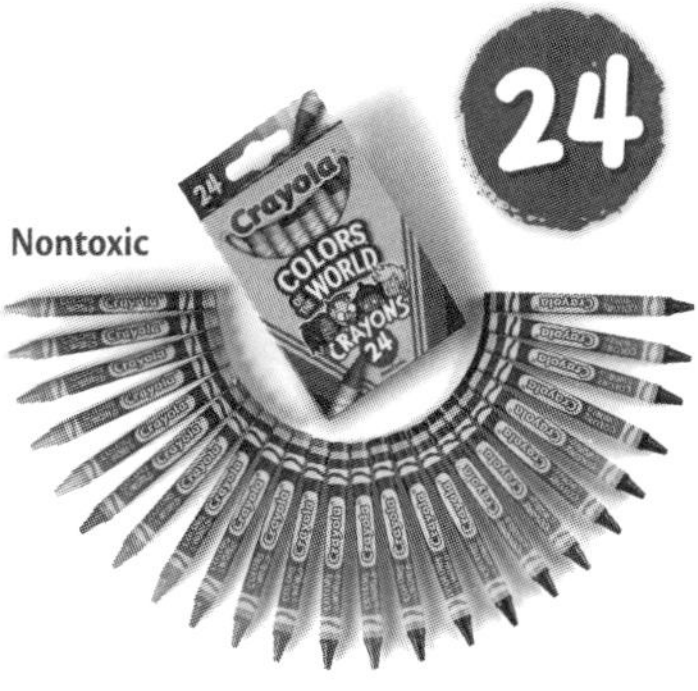

カラーオブザワールド

世界の多様性を子どもに教えられるクレヨン

クレヨラクレヨン96色シャープナー付き

使いたい色が必ず見つかる
96色セットのクレヨン

こちらのおもちゃとクレヨンは、
私と夫が運営するオンラインショップ
（BBショップ）でも購入することができます。
ご興味のある方はぜひご確認ください。

映画を観る重要性については第2章でお伝えしましたので、ここではお勧めの映画と、その際どのような質問やインプットができるかをご紹介します。

『Yesterday』2019年・イギリス

売れないシンガーソングライターのジャックは、音楽で有名になる夢を諦めかけていました。そんなある日、世界規模の停電が発生し、ジャックは交通事故で昏睡状態に陥ってしまいます。目を覚ますとそこは、「ザ・ビートルズ」が存在しない世界になっていました。彼らの名曲を覚えているのは世界でただ一人、ジャックだけ。そこで、ジャックはあたかも自分が書いたかのように、ビートルズの歌を1曲ずつ発表しはじめます。もちろん、ヒットチャートを席巻《せっけん》し、その結果、彼はスターになります。

全編を通して、ビートルズの曲が使われており、私たち家族がビートルズの音楽にはまるきっかけになった作品です。

ある意味で、「嘘」をついてスターになる人を描いた映画なので、「誰も〝嘘〟だと気付いていない嘘をついた時は、〝嘘〟になるの？」という道徳的な面を家族で話し合うことになりました。

我が家では、夫のタカは「誰も気付いていないし、結果として人々にいい音楽を与えているから問題ないと思う」という意見でした。一方のアレックスは「でも自分の中で〝嘘〟だと気付いているからよくないよ」という考えで、白熱した議論を交わすことができました。

『Greatest Showman』２０１７年・アメリカ

19世紀アメリカに実在した興行師P・T・バーナムの半生を描いたミュージカルです。貧しい家に生まれ育ちながらも、妻子を幸せにするため努力と挑戦を重ねていく主人公のフィニアス。様々な個性を持ちながらも日陰に生きてきた人々を集めた誰も見たことがないショーを作り上げ、大きな成功をつかみますが――。

この映画でアレックスと話したことを例にあげます。

❑「サーカス」の持つ役割

映画館やNetflixなどの動画配信サービスがある現代と違って、昔は田舎《いなか》に住んでいる人にとって、サーカスというのは唯一のエンタテインメントだったことを教えました。

この映画は、その時代を垣間見ているような気持ちにさせてくれます。

❑動物愛護について

アメリカを横断しながらツアーを行うことは、動物にとっても大変なことです。だから最近アメリカでも一番人気があったサーカスRingling Brothers Barnum & Bailey Circus（まさしくこの映画の主人公が作ったサーカス）が、動物の移動についてかなりの批判を受けていました。この映画を見なければできない話題だったと思います。

❑「見た目問題」について

当時のサーカスは「日常と違う」パフォーマンスを売りにしていました、今であれば「残酷」と思われるパフォーマンスも多かったのです。映画の中には、ひげのある女性が出てきました。「なんで見た目が違うだけで、みんながお金を払ってエンタテインメントとして見ないといけないの？　その人の気持ちは？」などについてアレックスと深く話しました。

❏有名になることと家族

主人公がビジネスで成功すればするほど、妻との距離は離れていきました。そのことを私が説明すると、アレックスは「僕は有名な科学者になっても友達と家族を絶対に忘れないね」と言っていました。

『Bohemian Rhapsody』 2018年・アメリカ

世界的人気ロックバンド「クイーン」のボーカルで、1991年に45歳の若さでこの世を去ったフレディ・マーキュリーを描いた伝記ドラマです。

まずは、ゲイとして生まれたフレディが最初は自分らしくいられず、本当につらそうだということをアレックスと話しました。

それに加えて、ステージで歌っているシーンを観ると、一人の人間が持つカリスマ性についても考えさせられます。

フレディが腕を上げただけでスタジアムに大歓声が巻き起こるシーンがありますが、

「もしアレックスがあの場に立ったらどう思う?」という質問を投げかけました。

「YouTubeの登録者が30万人いるということは、あのスタジアムの3倍もの人があなたのことを見ているんだよ」とも伝えました。だからこそ良い行動をして、言ったことに対して責任を持たなくてはいけないんだよという影響力の話もしました。

この映画を観て親子で「ゲイパレード」に参加したという知人もいます。それを聞いて本当に素晴らしいと思いました。

映画には様々な価値や文化、登場人物が出てくるので、親次第でいろんな使い方ができると思います。もちろん親も楽しみながら映画鑑賞をして、いろんな発見をしてほしいです。

料理の時間

日本では「食育」という言葉があるように、「食」に関する知識や健康的な食生活を営むための教育に熱心だと思います。もちろんそれも非常に大事なことです。

それ以外にも料理は次のようなことを教えてくれる大切な機会です。

①失敗を恐れない
②破ってはいけないルールがある
③クリエイティブ精神が生まれる
④チャレンジ精神が生まれる
⑤意見が尊重される喜び

①失敗を恐れない

プロの料理人ですら味付けに失敗することがあるように、皆さんも味付けに失敗した経験があるはずです。そんな時は失敗を責めるのではなく、「そういうこともたまにはあるよね」とフォローをしたり、「次は失敗しないように〇〇しようか」と次につながる言葉を伝えるのが大事です。

失敗するのを恐れることは、何かに挑戦する機会が減ることにもつながります。料理を通して「失敗することは悪いことではない」ことを子どもに伝えましょう。

②破ってはいけないルールがある

レシピの砂糖を塩に変えると、食べられたものではなくなってしまいますし、体にもとても悪いです。このように料理の中にも破ってはいけないルールもあります。

もちろんルールに雁字搦《がんじがら》めになるのはよくありませんが、ルールを守らなくてはいけない時もあるんだという学びになるはずです。

③クリエイティブ精神が生まれる

料理は本当にいろんな掛け合わせができます。思いもよらない組み合わせが美味しさにつながる時もあります（もちろん失敗につながることもありますが……）。

私も日本に来るまで、ゆで野菜が苦手でした。しかし日本のキユーピーのマヨネーズに出会って、大好きになりました。いろんな食材とマヨネーズを掛け合わせましたが、本当に何にでも合いますよね。柚子胡椒も日本に来てハマった食材の1つですが、こちらもいろんなものと掛け合わせて楽しんでいます。

④チャレンジ精神が生まれる

数えきれないほどのレシピが世の中にはあります。作りなれている料理ではなく、積極的に新しい料理を試すことは、親としても立派な成長の1つです。またそのように挑戦している親の背中を見ていると、子どもも新しいことに挑戦したくなるはずです。

⑤意見が尊重される喜び

子どもに味見をしてもらい、「美味しい」と言ったあとに手を加えないことで、子どもは「自分の意見が採用された」と嬉しそうな顔をします。意見が尊重されると、子どもたちは自分が大事にされていることに気付くからです。

ただし塩など、これ以上入れるとしょっぱくなって体に悪そうな時は、子どもが「もっと」と言ったとしても、ちゃんと理由を説明してやめるようにしています。

「お塩はもういいの」という言い方ではなく、「塩は摂りすぎると非常に体に悪いので、今日はこれぐらいにしておこう。でも塩が美味しいのはマミーもよくわかるね」くらいの言い方がいいと思います。

マヨネーズなど多少であれば体に悪くない場合は、とりわけたあとに子どものお皿の中で挑戦させるようにしています。それであれば美味しくなかったとしても自己責任になるので、良い学びの場となります。アレックスもいろんなものを混ぜて丼にして食べるのが好きなのですが、自分で作ったことが嬉しいのか、いつも完食しています。

外食の時間

アメリカで私の家族と外食をした時に夫が気付いたことですが、アメリカ人の子どもは、小さい頃から自分でメニューを選んで注文します。私の甥のジョニーの場合は好き嫌いがはっきりしているので、チーズバーガーを注文する際は、「玉ねぎが入っているのであれば抜いて、トマトは多めに入れてください」と自分の意見を伝えます。彼が5歳の頃から店員さんと交渉していた覚えがあります。

外食は子どもにとって、家族以外の大人と話すことのできる数少ない機会です。大人同士で注文したほうが早いのはもちろんわかります。ですが、メニューを決めて注文することは、「自分で考えて意見を伝える」ことを練習する格好の場です。親とちゃんとコミュニケーションがとれるくらい成長しているお子さんであれば、ぜひとも外食の機会で挑戦してみてください。

うちの子はまだ注文するのが難しそうという方のために、難易度別にご紹介します。

難易度★

「すみません」と店員を呼ぶ。

難易度★★

マクドナルドのハッピーセットのおもちゃなどを決めさせて自分で注文させる。

（選択肢が少ない中から決めさせる）

難易度★★★

メニューの中から食べたいものを選ばせ、自分で注文させる。

（選択肢が多い中から決めさせる）

難易度★★★★

スターバックスなどのように自分でカスタマイズできるものを選ばせ、自分で注文させる。

（選択肢が限りなくある中から決めさせる）

難易度が上がれば上がるほど、自分のやりたいことを口に出し、ダメと言われた時にどう返すかが重要になってきます。それはまさしく交渉ですよね。大きくなった時ビジネスの場でも役に立つはずです。

ただし、これは注文される側の意識もどんどん変えていく必要があります。どういうことかと言うと、アレックスやオリビアが注文しようとしているのに、注文を取る人が「どうされますか?」と親である私や夫に聞いてくる場合が多いのです。

もし、本書を読んでいる方の中に接客業の方がいれば、お店で子どもが頑張って話そうとしている時は、親ではなく子どもに対応していただけるとありがたいです。子どもは非常に喜びますし、「話すこと」にもっと興味を持ちます。

日本にスターバックスが全国展開していなかった頃、私がいろいろカスタマイズをお願いすると店員さんが困っていました。まだ日本にカスタマイズが浸透していなかったからです。しかし、今はもうすんなりとオーダーが通りますし、人によっては「美味しそうな組み合わせですね。私も飲んでみます」と返してくれます。

このように日本でも子どもが注文をする文化が浸透することを願っています。

読み聞かせ

読み聞かせの時間

「はじめに」でもお話しした通り、昨年、私は『My Moon, Your Moon』という絵本を自費出版しました。「レバイン・メソッド」を紹介する第一歩として書いたものです。初めての方でも「レバイン・メソッド」を簡単に実践できるように心がけました。

ページ数の制限もあったので、本書ほど細かくレバイン・メソッドについて触れることはできませんでしたが、この絵本で紹介したメソッドを簡単に説明すると、

> 一方的に絵本を読み聞かせるのではなく、
> 積極的に子どもに質問を投げかけ対話する大切さ

についてでした。

もちろん、「この子の髪の毛の色は何色」という質問ではなく、絵本を見ただけではわからない正解のない質問を投げかけたり、絵本に出ている状況について親も自分の経験に

ついて話したりするものでした。

本は3パートに分かれていました。Part1はレバイン・メソッド（当時は「TQメソッド」と呼んでいました）について、Part2はバイリンガル絵本の『My Moon, Your Moon』。Part 3は絵本の各ページでどのような「正解のない質問」を投げかけられるかの見本集でした。そのバイリンガル絵本はＢＢショップで販売されているので、ご興味のある方はご確認ください。

この絵本で一番伝えたかったことは、「絵本の時間をコミュニケーションの時間に変えよう」ということでした。もちろん1ページごとに質問する必要はまったくありません。むしろ、質問を投げかけすぎるとお子さんも嫌がり「早く読んで！」と言われるので、イメージとしては1冊につき1つの質問でも十分だと思います。

また、読んでいる最中は子どもを物語の世界に集中させたいという方であれば、読み終わった後に質問してももちろんかまいません。

私が実際にアレックスに読み聞かせをしている動画がありますので、ご参照ください。

この動画で、どのようにレバイン・メソッドを絵本の時間に導入できるか、理解できる

My Moon, Your Moon

Aishah Levine
Nick Ashley
Picures by Yoshiko Sugita

初めて「レバイン・メソッド」（当時の名称はTQメソッド）を紹介した本。
絵本の読み聞かせの時間を通して、
「レバイン・メソッド」を実践することができる1冊。

Once there was a little girl named Emily,
who was head over heels
in love with the moon.

あるところに　えみりーという　なまえの
ちいさい　おんなのこが　いました

えみりーは　おつきさまのことが
だいすきでした

p.28
Teaser Questions

14

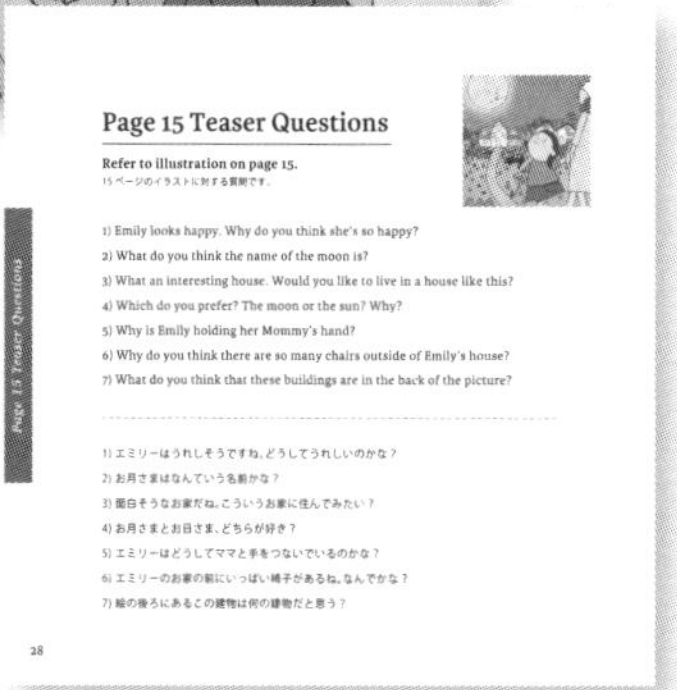

Page 15 Teaser Questions

Refer to illustration on page 15.
15ページのイラストに対する質問です。

1) Emily looks happy. Why do you think she's so happy?
2) What do you think the name of the moon is?
3) What an interesting house. Would you like to live in a house like this?
4) Which do you prefer? The moon or the sun? Why?
5) Why is Emily holding her Mommy's hand?
6) Why do you think there are so many chairs outside of Emily's house?
7) What do you think that these buildings are in the back of the picture?

1) エミリーはうれしそうですね。どうしてうれしいのかな？
2) お月さまはなんていう名前かな？
3) 面白そうなお家だね。こういうお家に住んでみたい？
4) お月さまとお日さま、どちらが好き？
5) エミリーはどうしてママと手をつないでいるのかな？
6) エミリーのお家の前にいっぱい椅子があるね。なんでかな？
7) 絵の後ろにあるこの建物は何の建物だと思う？

Page 15 Teaser Questions

28

絵本のパートは、日本語と英語の
どちらでも楽しむことができる。
また絵本の各ページでどんな
質問ができるのかという
サンプル集も充実しているため、
初めての方でも「レバイン・メソッド」
を実践しやすくなっている。

と思います。

レバイン・メソッドを取り入れた方からも、一番取り組みやすいのが絵本だったという意見をいただいています。なので、ここから始めてみるのもいいと思います。

その他に、「レバイン・メソッド」にぴったりの絵本をいくつかご紹介します。

『What Should Danny Do?』著：Ganit & Adir Levy　イラスト：Mat Sadler

主人公のダニーが、日々の生活の中で選択と決断を迫られ、選んだ選択肢によって物語が変わっていきます。

例えば、弟のチャーリーがダニーのお気に入りのお皿でご飯を食べています。さあダニーはどうする？

・別のお皿でご飯を食べる人は〇ページへ
・お気に入りのお皿を取り返すまで叫ぶ人は〇ページへ

と選んだ答えによって進むページが変わります。

そのため何度読んでも楽しめる1冊で、アレックスも大好きです。

自分の人生は、自分で選ぶ権利がある。でも選んだからにはちゃんと自分で責任をとりなさい。そのどちらも教えてくれる絵本です。

『You Choose』著：Pippa Goodhart　イラスト：Nick Sharratt

日本でも『えらぶえほん』として大人気の絵本です。

文字はほとんどなく、絵本を開いた時にたくさんのイラストがあるのが印象的です。

「どの家に住んでみたい？」というページには、きのこの家、ホテルにお城など様々な家の絵が描かれています。まさに「正解のない」質問であり、選んだあとも「どうして、その家を選んだの？　その家でどんなことをしたい？」など、たくさんコミュニケーションをとることができます。

『The Berenstain Bears』著・イラスト：Jan and Stan Berenstain

古くからアメリカで愛されている絵本シリーズ『The Berenstain Bears』は5匹の熊さんの家族の話です。人間と同じような世界に住んでいて、人間が直面するのと同じような問題に苦戦することがあります。

1冊を通してテーマを設けているのですが、差別やいじめについて語られることもあり、子どもだけでなく大人も本当に考えさせられるストーリーばかりです。

非常にお勧めのシリーズなのですが、残念ながら日本語版は販売されていません。英語版はAmazonでも購入できますし、もしアメリカに行った時に書店でこのシリーズを見る機会があれば、ぜひ買ってみてください。

「正解のない」質問に答えることに慣れるための本だけでなく、それ以外にもエンパシーを学ぶことができたり、インプットに適した絵本もたくさんあります。どんな絵本でも「どの登場人物が好きだった？」や「もし○○が主人公だったら、○○の場面でどうしていた？」などと聞くことができると思います。

ぜひお子さんの好きな絵本でも試してみてください。

もちろんご紹介したすべてのことをする必要はありません。例えば旅行している時にはこうやって使えるなとか、水泳が好きなお子さんであればスイミングプールの中でこういうことができそうだなと、ご自身の状況に合う形で使っていただきたいです。

第3章の基礎となる部分を守って、朝から夜まで日常の中に「レバイン・メソッド」が溶け込むようにしていきましょう！

第5章

「レバイン・メソッド」実践者インタビュー・Q&A

私と夫が主宰しているオンラインサロンにて、「レバイン・メソッド」のセミナーを3回に分けて行い、メンバーの方々に実践していただきました。

実際にメソッドを始めてみて感じた良かった点や問題点についてインタビューを行いました。

また親御さんたちから寄せられた質問とその対策についてもご紹介します。「レバイン・メソッド」を実践していくなかで同じような悩みが出てきた時には参考にしてみてください。

「レバイン・メソッド」実践者　インタビュー

Aさん：9歳の息子を持つ一児の母。0歳からバイリンガル教育を行う。
Bさん：6歳と4歳の娘、2歳の息子を持つ三児の母。長女が3歳の頃から「おうち英語」を始める。
Cさん：2歳の娘と0歳の息子を持つ二児の父。家ではずっと英語の話し掛けを行う。

アイシャ　「レバイン・メソッド」で新鮮に感じたことや難しかったこと、もしくはご家庭での子育て・教育に足りていないなと思って、取り入れられたものはありますか？

A　STEP2（子どもへのインプット）とSTEP3（子どもの意見を聞く）については、これまでもやってきていたことだったので、あまり難しくなかったですね。でも子どもと意思疎通ができるようになると、STEP1の「親の意識を変える」という部分が、子どもからの作用でがらっと変えられることが多かったです。

アイシャ　何か事例はありますか？

A　戦争と平和の話を例にあげると、戦争や原爆のことはもちろん歴史の授業で習いますよね。でも私たちは、基本的には日本からの情報しか入っていなくて、英語（海外）からの情報を入れようとしたことがないんです。もちろん必ずしも日本が悪いとか、アメリカが悪いとかの話じゃなく、「原爆が悪い。核が悪い」というのはわかっているんだけど、その背景をちゃんと知らなくて。習っているはずなんだけど、それほど興味もなかったので覚えていないんですよね。
　でも息子が興味を持ち始めて日本語と英語両方でインプットしはじめた時に、彼が意外と両方の視点を持っていたんです。それをポンと投げかけられた時に、確かに私も夫も日本側からしか考えたことがないな、と。
　その時に初めて「親が変わる」というか「自分の視点を変えなきゃいけないな」と思いましたね。「変えよう」「変わろう」「柔軟でいよう」とは思っているんですけど、固定観念とか今まで刷り込まれたものがあるから、実際のところできていなかったんだなと。

アイシャ お子さんのSTEP3によって、ご自身のSTEP1が変えられたということですよね。子どもからのインプットによって親の視野が広げられるというのはすごくいい循環ですね。息子さんがご両親以外からもインプットできるようになったからこその出来事ですね。Bさんはいかがですか?

B 元々私は、典型的な固定観念を刷り込まれた日本人って感じだったので、全部新鮮でした。ただSTEP1については、おうち英語を始めた時に、「バイリンガルベイビー」の動画を見るうちに変わっていきました。ティアラの話(55ページ)でも「確かにそうだよね」と思って。

私の中ではSTEP2と3のほうがより大変に感じました。今まで子どもの意見を引き出そうとしていませんでしたし、無意識のうちに親が上、子どもが下にいる関係性が普通と思っていました。「正解のない質問」も私自身が投げかけられずに育ったので、「どういうことを聞いたらいいのかな」と最初は戸惑ってしまったんですよね。だから『My Moon, Your Moon』に、質問がたくさん載っていて、「こうやって聞けばいいんだ」と勉強になりましたね。

B　参考になったようでよかったです。STEP2と3で難しく思う点はどこですか？

アイシャ　絵本が出た時に、最初から娘にたくさん質問をしてしまったんです。質問から入ると、STEP2を飛ばして、STEP3を行ったことになるじゃないですか？　だから子どもは「わかんない。早く読んで」って。『My Moon, Your Moon』を読むたびに、私がたくさん質問をしていたら、子どもは「この絵本やだ」ってなっちゃったんです（涙）

サロンの中でアイシャが「親も自分の意見を言うんだよ」って言っていたから、その絵本に限らず、まずは「ママはこう思うんだけど」って聞くように変えていきました。そうしたら、子どもがだんだん自分の意見を言うようになってきたんです。あとは答えのある質問だったら答えられるので、答えのある質問を聞きつつ、

1つは答えのない質問を入れていくようにしました。今では本を読むと、どんな本でも「ママ質問して！」って言うようになったんですよね。

アイシャ　レバイン・メソッドをカスタマイズされたんですね。

B　最近、長女のお気に入りの『100かいだてのいえ』という絵本があって、その本の中ではいろんな動物が100階建ての家に住んでいるんです。例えば、「○○はどこにいるでしょうか？」と見たらわかる簡単な質問を投げて、そのあとに「この中だったら、どのお家に住みたい？」っていう質問を急に入れてみるんです。「ここがいい」と答えてくれたら「なんでそこが好きなの？」と続けて。最近は答えることに自信がついてきた気がします。

アイシャ　慣れていない人には、いきなりではなく、徐々に始めてみることが必要かもしれませんね。

B　私たち親もそうですが、子どもたちも保育園や学校でも、きっと答えのある質問しか先生から投げかけてもらえないんですよね。答えのある質問には慣れているから、まずは自信を持って答えられるものを与えてあげると、聞かれた時に楽しいってなるんでしょうね。

アイシャ　物心ついてからレバイン・メソッドを始めた子には、得意な部分を混ぜてあげるのは大事ですね。

A　「オープン・エンデッド・クエスチョン」ですごく衝撃だったことがあるんです。アメリカ人の先生が、子どもたちに本の表紙を見せて「正解のない質問」を投げかけたんですけど、本当に投げっぱなしだったんです。日本人の先生はどうしてもそこで模範解答っぽいものを答えてしまうんですけど、アメリカ人の先生はむしろ先生が好き勝手答えていて。オープン・エンデッド・クエスチョンってこんな感じなんだって衝撃的でしたね。

アイシャ　オープン・エンデッド（正解のない）ですからね（笑）

A　そう、本当にオープンなんです。子どもたちがどんな答えを言ったとしても〇Kで、なんなら先生のほうがもっとSillyなことを言って終わるのがカルチャーショックでしたね。

C　日本人ってどんな答えでもいいと言われても、つい皆にすごいって思われる意見を言おうとするんですよね。だから先に言われてしまうと、つい黙ってしまうという。

別に同じ意見でもいいし、違う意見でもいいんだよというのを伝えられたら一番いいと思うんですよね。オープン・エンデッド・クエスチョンだって、20人に聞いたら同じような意見だって出るじゃないですか。

アイシャ　3歳までの間に、親がどんな意見でも受け止めるよという土台を作っておけば、子どもは言えるようになるんですよね。ただ小学校に上がると正解を求めるようになってしまうので、6歳までに始めるのがベストだと思っています。もちろんやらないよりはいいので、「うちはもう遅い」と思わずにレバイン・メソッドを始めてほしいです。

Cさんは、レバイン・メソッドをどう思われましたか？

C

僕はけっこう育児本を読んでいるんですけど、STEP1に子どもではなく親がきているのが、ものすごく新鮮でしたね。どの本も途中には「親も柔軟にならなくてはいけない」というのは入るんですが、まず親にスポットライトを当てるというのはほとんど見たことがないですね。それがアイシャらしいのか、ユダヤ人の考え方なのかはわからないですが、そこが面白いと思いましたね。

STEP1は難しいなと思うところがけっこうあります。自分が今まで触れてきたトピックだと、なかなか意識を変えられないんですよね。なので今は自分が今まで触れてこなかったフェミニズムやジェンダーイクオリティなどを英語と日本語の両方で読むようにしています。

STEP2と3については、上の子でもまだ2歳7ヶ月なので、そんなに経験はないんですよ。ただ6歳までの家での教育が大切だというところで実践しようと思っていることがあります。TEDトークの“How to use family dinner to teach politics”（訳：食卓での家族時間を上手く使うことにより政治について子どもに教える方法）というのがあるんですよね。親と子がディナーテーブルに集まって会議をする。ルールはたった2つです。1つ目は、誰でも自由に発言してもいいし、子どもが親を批判してもとがめられないこと。2つ目は、会議での発言は、その中だけにとどめるということ。

　ルールを作って意見を言う場のほうが難しいと思われている方も多いんですが、僕はルールがあったほうがみんな自由に意見を言いやすいと思うんですよね。だから子どもがもう少し大きくなったら、そういう場を作ろうと思っています。それがSTEP3の実践の場になるんじゃないかと考えています。

アイシャ　最近アレックスにもディベートの場を設けています。ディナーテーブルでルールを作って、話し合いの場を設けるのはアウトプットとインプットの場になりますね。

C　「どんな意見でも受け入れるよ」と子どもたちには伝えられるんですが、ある程度はルールがあったほうがやりやすいんじゃないかと思います。

A　Cさんが言っていたSTEP1について気付いたことがあります。日本人にとってSTEP1は難しいんですけど、新しいことや、自分が今までに考えたことのないジャンルについていろんな視点から見ることはできると思うんですよ。だから、STEP1の癖をつけるためにはいい方法だなと思いました。

C　しかも、それを子どもと一緒にできたら理想的ですよね。

アイシャ　知らないジャンルであれば、先入観が0だからいいですよね。

C　子どもの視点だと、全部0ですからね。だからこそ親の影響は大きいので、親はものすごく頑張らないといけないなと思うんですよ。

A　日本人は、頭の中では変わるのが必要と理解できても、やり方が分からない人が多いと思うんですよね。だけどCさんが言ったように、まずは知らないジャンルから始めてみるというのは、STEP1のいいトレーニングになる気がします。

B　STEP1で躓《つまず》いて、2や3に行けない人がいるんじゃないかと思います。だからSTEP1のヒントがあると、日本人でも取り掛かりやすいと思います。

アイシャ　STEP1で、こういうことを行ったという具体例はありますか？

C　僕は基本的には本から視野を広げるようにしています。皆さんとは意見が違うと思うんですけど、日本のニュースや新聞は意見が偏ったり、視野が広くないと感じています。だから最近日本で起こっていることをインターネットで拾うことはしますが、意見や考えは日本語では拾わないようにしています。

とはいっても英語でもニュースは情報が偏り気味なので、可能な範囲で同じトピックで違う意見のものを比べて読むようにしていますね。

アイシャ　STEP1でニュースが大事だと書きましたが、ニュースをそのまま信じるのではなく、それを聞いて自分で判断することが大事なんですよね。ニュースは視野を広げるための1つの方法ではありますが、考え方が偏りすぎるのは良くないですよね。

C　僕らの親世代は新聞、テレビ、ニュース以外からの情報を得ようとしていない人も多いですからね。日本人は気を付けたほうがいいところかもしれません。

アイシャ　Twitterはそういう意味ではいいかもしれませんね。ハッシュタグを使うといろんな人が何を考えているか簡単にわかるので、セカンドオピニオンとしてもいいかもしれないですね。

C　アルメニアとアゼルバイジャンの戦争についても政府がアカウントを持っていて、それぞれ情報を出しているんですけど、真逆のことを発信してますよね（笑）。それはそれで面白いですが。

アイシャ　物事には良い面と悪い面の両方があるって思わなきゃいけませんよね。さっきの原爆の話も、被害者の目線も加害者の目線もあるんだよと。もちろんどちらが悪いかについて子どもと一緒に考えてディスカッションすることが大事ですが、それ以上に物事には二面性があるということを理解する必要があると思いますね。とにかくすべてに2つの考え方がありますよね。それに気付くことができればメディアに左右されることはないんですけどね。

A　大きな地震があった時や、今回のCOVID-19もそうなんですが、外国人の友達がいると、自国のニュースについて教えてくれるんですよね。他国で危ないと言われていることが、日本では安全とうたわれていて、また別の国では全然違うことを言っているんです。それを体感した時に、日本だけから情報を得ていたらヤバイぞっていう危機感は正直感じましたね。グローバル感覚を身に付けると生き残っていけるような気はしました。

アイシャ　AさんとBさんもSTEP1について具体例があれば教えてくれますか？

A　私はオンラインサロンの中に入っている「英語ステーション」のイベントになるべく出るようにしていますね。みんなでお薦めの英語の本を読むブッククラブというのがあるのですが、正直、自己啓発本だった段階で今までの私なら参加しなかったんですよ。でも自分を変えるいい機会かなと思って飛び込んでみました。

結果として、自分が実はマイノリティ側で、自分とは違う考えのほうが一般的なんだなと知ることができて、視野が広がりました。

※「英語ステーション」というのは私と夫がプロデュースしている「24時間英語でアウトプットできるオンラインの場です。各メンバーが好きなテーマについてイベントを作り、様々なバックグラウンドのある方と英語（もしくは英語と日本語）で正直に、お互いを否定せずに話せる場です。参加しているメンバーから「英語だけでなく、いろんな考え方に触れられ、たくさんの刺激を受けて自分の考え方が広がった」と言われることが多いです。まさしく大人にとっての「インプット」の場で

す。

アイシャ　Bさんはどうですか？

B　さっきも言ったように、「バイリンガルベイビー」の動画を見て、自分自身の視点やマインドを変えることができましたね。またオンラインサロンのメンバーは、みんな自分の意見を持って発言できる人たちなので、そこでいろんな人の意見を聞けるのはよかったですね。あと、みなさん柔軟に意見を受け入れてくれるので、自分の意見を言ってもいいんだと気付けて、またどんどん変わった気がします。

ニュースについてどうしようかなと思っていたんですが、最近、読売KODOMO新聞を購読し始めました。

アイシャ　すごくいい考えですね。「レバイン・メソッド」を実践できる定期購読誌のようなものを作るのが、私の夢の1つなんですよ。

STEP2についてはどうですか？　Aさんはニュースを見始めたと言っていま

したが、それまではあんまり見ていなかったということですか？

A

今までは子どもがニュースにあまり興味がなかったんです。知ってほしいという気持ちはあったので、彼の興味のあることに関するニュースを探して、見せるということはしていました。

　小学校３年生になって社会が教科に加わったので、彼自身も日本や世界のことに興味を持ち始めたんです。ちょうどアメリカ大統領選についてやっている時期でトランプ前大統領がテレビにすごく出ていたのですが、息子が「ホームアローン」にも出ている人だと気付いて、よりいっそう興味を持ち始めたんですよね。うちは夫がニュースが好きなので、政治や時事問題について簡単な言葉で説明してほしいとお願いしています。あとは私が子どもと一緒にＮＨＫの「やさしい日本語で書いたニュース」を読んだりしています。

　また英会話の先生が、息子は中級のニュースだったら読めるよとトピックを与えてくれたので、その中から息子が好きなものを選んで読むというのを最近始めました。

アイシャ　最高ですね！　Bさんはどうですか？

B　おうち英語でいろんな映像を見せているのですが、子どもが疑問を持ったことに答える時がインプットのチャンスだなと思っています。

　子どもたちが好きな「パウパトロール」というアニメがあるのですが、グッドウェイ市長という黒人の女性の登場人物がいるんです。子どもに「なんでグッドウェイ市長は肌が茶色なの？」と聞かれたので「いろんな肌の色の人がいるんだよ」と答えたら、「えっピンクとか黄色とかもいるの？」と言われて。

　どう説明しようかなと思っていた時に、Aさんから『We're Different, We're the Same』という本がいいんじゃないと教えてもらいました。肌の色だけじゃなく、髪や目、鼻や口の形も違うけど同じ機能があるよね、というのが英語で書いてある絵本です。それを一緒に読んで、「みんな違うよね。ママとあなたも一緒じゃないでしょ」という話をしました。

アイシャ　いいですね。

最後はSTEP3のお子さんのアウトプットについて、どういうことをしたかお聞きしたいです。

B　私の意見も伝えるようにしました。「今日保育園どうだった？」というのは以前から聞いていましたが、「ママはお仕事で、こうだったんだよ」というのを話していなかったことに気付いたので。そうしていると、最近は子どもから「ママはどうだったの？」と聞いてくるようになったんです。

あとは発想力がすごく広がったなと感じています。お風呂の時に、長女が末っ子のお手伝いをしてくれることがあるんですが、末っ子のズボンをはかせる時に「はい、ズボンが待ってまーす！」て言ってたんです。大人では思いつかない可愛い表現だなと思って、いっぱいほめてあげました。他にも迷子になった時に、自分からお店の人に言えるようになったりして。

「レバイン・メソッド」を始めて、自分の思っていることを言っていいんだというのが家の中でできているから、外でもできるようになってきたんだと実感していますね。

アイシャ　家の中は一番安心できるところなので、家で自分は言えるんだと気付いたら、外でもどんどんできるようになるんですよね。

B　あとは良いことだけじゃなくて、悲しい出来事も話してくれるようになりましたね。さっきも話した通り、今までは一方的に聞いていたから、「今日はどうだった?」「わかんない」で終わってたんです。でも私も話すようになったら、子どももたくさん話してくれるようになって、子どもの様子がいろいろわかるようになってきました。

うちは「レバイン・メソッド」で親子の絆が深くなってきています。

アイシャ　本当にそうなりますよね。意見に全面的に賛成しなくても、お互いに理解できる関係性を築けると思います。

「レバイン・メソッド」で他に気になったことはありますか?　日本人として気を

付けたところなどもありましたら教えてください。

B　STEP1、2、3とあるので、STEP1ができなかったら次に進んじゃだめと考える日本人は多いかもしれないと思いました。

アイシャ　第2章でも書きましたが、STEP1は子どもが生まれる前からでもできることなのでいつ始めてもいいんです。子どもが大きくなってから始めた場合には、STEP1と2は同時進行でも問題ありません。ただしSTEP3はアウトプットなので、STEP1と2を数ヶ月やってから始めないと、どうしても意見は出てこないですよね。
　でもSTEP1のやり方がまったくわからない人がどうすればよいかは確かに問題ですね。

A　さっきのCさんが言っていた、まったく新しいジャンルで自分を変えるトレーニングをしてみるというのは、突破口になりそうですよね。

C　STEPには関係ないことかもしれませんが、基本的に子どもに何かしてもらいたい時は、親がやらないといけないですよね。日本人は、子どもと一緒にいる時の人前での態度をあまり考えてないですよね。例えば、子どもに周りの人に挨拶をしてほしいなら、大人は子どもと出掛けた時に知り合いに会ったら必ず挨拶をしないといけないんですよ。「レバイン・メソッド」の根幹にもなると思うんですけど、「親が手本を見せる」というのをすごく意識しています。

B　ニュースで見たんですが、習い事に通わせている親が「ここは挨拶とか躾《しつけ》とか礼儀をちゃんと身に付けさせてくれるから通わせています」みたいなことを言っていて、「え？　それって親が教えることじゃないの？」と思いましたね。なんで外に任せているのかなと。

A　私も息子が幼稚園の時に思いました。幼稚園や幼児教室で集団生活におけるマナーを学ぶというのはわかるんだけど、家でできるマナーをそこに託す意味ってなんだろうと、すごく疑問でした。
　そういえば、日本人として気を付けたことが1つあります。STEP3で創造力を掻き立てたり、楽しいことにフォーカスした質問を増やすようにしました。小さい時はやっていたのですが、小学校に入ってから政治や社会の話を意図的に増やしていたんです。すると、創造力とか子どもらしい発想が少しずつ減ってきた気がして。日本人って学校に馴染んでくると、創造力とか明るい夢みたいなのがだんだん減ってくるんですよ。まだまだ持っていてほしいので、そういう質問を増やしたところ、小さな頃みたいにキラキラした感じになってきましたね。

アイシャ　イノベーションはそこからきますからね。「もしも」はアイディアの初めにくるものなので。

A　それこそ環境の話をしていても、今まで思いつかなかったようなアイディアが出てくるんです。実現できたらすごくいいねっていう、型にはまっていない、夢や気持ちが乗ったアイディアがどんどん出てくるようになったので、再開してよかったなと思います。

C　「正解のない質問」でも質を考えないといけないんですね。質問自体がネガティブなことを考えやすい質問だったり、空想しやすい質問だったり、いろいろな視点で「正解のない質問」を分類するのもいいかもしれないですね。

アイシャ　たしかに「正解のない質問」にも悪い質問はありますからね。

C　『My Moon, Your Moon』で言うと、女の子が寂しそうな顔をしている絵を見て「こんな時、あなたはどう思う?」と聞いたら、絶対そっちの方向にいくじゃないですか。そういう質問ばかりだと、やはり頭の中が寂しさで埋められやすいので、どういう質問をするかは大事なんじゃないですかね。

A　うちは、私がどちらかというとポジティブ、夫がどちらかというとネガティブなんです。さっきの場面でも、夫なら「なんでこんなに悲しい顔をしているんだと思う？」と悲しさにフォーカスするんですよね。でも私は「こういう悲しい時に、どうやったら楽しい気持ちになれる？」のような気持ちを変換させる質問をするんです。もちろんどちらの質問も大事なんだけど、あまりに悲しさにフォーカスしすぎると、子どもも悲しくなっちゃうんですよね。

アイシャ　ネガティブな「正解のない質問」をする時は、もちろん「どうして悲しいのかな？」とは聞くことができます。でもその後、「ちょっと幸せになるためには、何ができるかな？」とか「他にも自分が落ち込んでいる時にできることいっぱいあるよね！」とフォローできますよね。

B　お母さんたちは、どうやったら楽しくなるかって無意識にしていますよね。

アイシャ　なぜネガティブもある程度必要かというと、「本当の世界もポジティブなことだけじゃないよね」というのを示すためのものなんですよね。だからあえてネガティブな質問をしないようにするのではなく、そこでポジティブなフォローをすることが大事なんです。また、ネガティブな質問が多すぎないほうが、子どもが暗くならず人生を楽しめますよね。

A　ただ、さっきのBさんの事例じゃないですけど、自分が悲しかったことを人って意外に話せないから、それを話す練習は絶対に必要だと思います。しかもそれを受け入れてもらえる経験にもなるからいいと思うんです。
　ただし、目的をちゃんとイメージしておかないと、親も一緒にネガティブになっただけで終わってしまうことになるので、最後はポジティブに変えられたら一番いいと思います。

アイシャ　最後にお聞きしたいのですが、YouTubeの動画を見てくださっている人からすると「レバイン・メソッド」は新鮮に映りましたか？　また動画との関連はどうでしたか？

C　動画で見ていることを文章で読んで「なるほど」と腑《ふ》に落ちることのほうが多いと

思います。

A　動画だけだと、すーっと流れていっていたことが、こういう意味があってやっているんだなってわかりましたね。それにこういうふうにやればいいんだというのも動画から探せるのでいいですよね。

C　何も知らない人が読むよりもむしろ、動画をたくさん見ている人が読んだほうが、学びが多いと思います。

B　たくさん動画があがっているのに、コメントやメッセージで「どうやって育てているんですか？」という質問が多いのは、動画を見ただけではわかっていないことが多いんだと思います。

アイシャ　動画を見た後に読んだらしっくりくるというのは嬉しい言葉ですね！　ありがとうございました。

「レバイン・メソッド」Q&A

Q 1

子どもに「これってどうしてなんだろうね？」と質問を投げかけても「別にいいじゃん」で終わってしまいます。

A

おそらく、お子さんがまだこのような質問に慣れていないだけだと思うので、まずは親の意見から話すようにしてみましょう。例えば、

「これってどうしてなんだろう？　◯◯だからかな？　ママはそうだと思っているんだよね。◯◯くんはどう思う？」

それでも答えが返ってこないようなら、一度STEP1に戻ってみてください。

親が興味を持ったり、その意見を誰かに主張したり、いろいろ考えている姿を見本

として見せるのがいいと思います。意見が出てこないのはインプットが足りていない状態なので、STEP1で親が世界に興味のある姿を見せ、STEP2で世界のことをたくさんインプットさせてあげてください。

また、まずはお子さんの興味のある分野から質問をするのがいいと思います。大人でもいきなり知らない分野について質問をされたら、上手く返答できませんよね。しかし、自分の得意分野であればいくらでも話すことができると思います。

子どもも同じです。子どもが永遠に「ポケモン」について話せる理由は、まさしくそれです。アニメや友達との会話などから、ポケモンについてのインプットがばっちりされているので、いくらでもポケモンについて話すことができるのです。なので、戦隊もの、虫やアニメでも、まずはすでにお子さんにインプットされている分野から質問を始めて、答えることが楽しいと思えるようにしていきましょう。

Q 2

「レバイン・メソッド」は子どもの賢さに関係なく使えると思いつつも、アレックスとオリビアはあんなに自分の意見を伝えられるのに、なんでうちの子はできないんだろうと落ち込んでしまいます。

A

アレックスとオリビアができているのは、0歳から「レバイン・メソッド」に触れてきたから、ただそれだけです。なぜ海外の子どもたちが、あれほど自分の意見が言えるのかと同じです。彼らも幼い頃から意見を聞かれ慣れているし、自分の意見を言わないといけないという状況の中で育ってきたからです（Show and Tellなどのような場において）。ひと月、ふた月で変わるメソッドではありません。一生を通じて使えるメソッドと思いながら、あせらず実践していただけると幸いです。

Q 3

STEP2と3において、どこから始めればいいかわかりません。また子どもたちが上手く答えられなかったり、考えを整理できずフラストレーションがたまってしまう時にはどうすればいいでしょうか？

A

日本人の方は絵本が始めやすいかと思い、最初は読み聞かせに特化して「レバイン・メソッド」を紹介しました。読み聞かせであれば、ほとんどの親御さんが行うと思いますし、正解のない質問と正解のある質問を混ぜやすいと思います。インタビューでBさんが行った方法もとてもいいと思います。（180ページ）お子さんが答えられない間は、まず親御さんから話すようにしたり、簡単な質問から聞くのもいいと思います。

またアウトプットが難しい時には、せめて絵本をインプットの場に使うのが良いと思います。

Q 4

子どもにニュースを見せようとしても、興味がないので遊びに行ってしまいます。

A

お子さんが小さいうちであれば、一緒に見なくても問題はありません。まずは親が興味を持ちながらニュースを見て、その話題について親同士で話している姿勢を見せることが大切です。親が話している姿が子どもの目に楽しそうに映れば、自然と子どもも、その会話に入ってくるようになっていきます。

Q 5

夫のほうがもともとニュースを見ることや、自分の意見を言うのが好きなタイプなので、私を言い負かそうとすることもあります。子どもにはその姿を見せないほうがいいでしょうか。

A

反論することは問題ありませんが、その人を否定する姿を見せるのはよくありません。

旦那さんと大人同士で会話できるのがベストではありますが、難しい場合はお子さんとディスカッションできれば大丈夫です。あくまでもディベートで「勝つこと」を目的とするのではなく、ディスカッションでお互いの意見を深めていければいいと思います。5歳頃から始められますので、それまでにお子さんにたくさんインプットをしてあげてください。

その際、もし旦那さんがお子さんの意見を否定しようとした時には、注意するように心がけてくださいね。

Q 6

子どもに質問をしても、「ママと同じ」という答えが返ってきてしまいます。どうすればいいでしょうか？

A

子どもの言動は、どうしても最初は親の真似から始まります。そこからいろんな意見をインプットしていくうちに、取捨選択をしてその子自身の意見が構築されます。

例えば、ご自身の意見を言った後に、「これはママの意見だからね。じゃあパパはどう思うか聞いてみようか」と質問すると、たいてい違う意見が返ってくると思います。「違う意見だったね。やっぱり人によって違うんだね。じゃあ〇〇はどう思う?」という形で聞いてみるのも一つの手だと思います。

また絵本や映画も、自分とは違う人たちが出てくるので、いろんな人の考え方をインプットする手段としてお勧めです。

Q 7

質問をした時に、子どもの答えが論理だっておらず、何を伝えたいのかわからないことがあります。そういう時に、どう反応してあげればよいでしょうか?

A

アレックスもちょうど同じ時期を迎えています。彼が難しいことを言った時に何度も聞き返すと、「ママ、僕が説明していることを理解できないの?」と怒られてしまいます。

そのため、私が理解した彼の答えを「こういうこと？」と確認するようにしています。しかし、それも二度ほどしか使えないので、それでも理解できなかった時には別のパターンで聞いています。シンプルに「もう一回言ってもらってもいい？」とか「あなたは哲学者だね！　深かったからもう一回聞かせてくれる？」と言うようにしています。

Q 8

ニュースにはどうしても暗いものが多いので、子どもが怖がってしまいます。例えば、拉致問題について説明すると、「私も小学校に行ったら、拉致される」と子どもが思ってしまい、立ち直らせるのが大変でした。どうやってニュースを見せればいいでしょうか？

A

一つは長く話さないことです。確かに拉致や誘拐はショックなことではありますが、実際に世界で起きていることです。「確かに怖いよね。だからこそママと離れないようにするんだよね」と、最後には少しポジティブな面を見せて終わらせるといいと思います。

ネガティブの割合は20％、センシティブなお子さんであれば、10％くらいにしてもいいかもしれません。ただし0％は健全ではありません。なぜなら嘘をついていることになりますし、子どもが社会に出てネガティブな問題と直面した時にショックを受けてしまいます。

お子さんの性格とご自身の心地よさを考えながら、割合を決めてみてください。

また、本書では「ニュース」という書き方にしていますが、例えば「ガイアの夜明け」や「カンブリア宮殿」、「プロフェッショナル　仕事の流儀」や「情熱大陸」などのような番組もお勧めです。親子どちらにとってもインプットになり、いろんな素敵な対話もできます。こういう番組は問題提起もしてくれますが、それだけでなくインスパイアしてくれるとても良い機会だと思います。

Q9

子どもへの意見のインプットの大半がどうしても母親である私になってしまいます。それ以外の意見のインプットを増やすためにはどうしたらいいでしょうか？

A

アメリカで絵本を子どもに読み聞かせる大きな理由は、本の中には自分たちとは違う家族が出てくるので、子どもたちが「こういう世界もあるのか」と理解することができるからです。映画を観ることも同じです。

また、21世紀に生きる大人にぜひともお勧めしたいインプット方法があります。それはオンラインコミュニティやオンラインサロンです。家庭とも学校とも会社とも違うコミュニティに入って、様々な人と話して意見交換することで、年齢に関係なく、新しい視野で物事が見られるようになります。ぜひ自分の好みと性格に合うオンラインコミュニティに入ってみてください。

夫と私も「英語をベースとし、様々なテーマについて、いろいろなバックグラウンドを持った人と意見交換でき、柔軟で幅広い視野を手に入れる」ことを目的にした「英語ステーション」というオンラインコミュニティを運営しています。英語で様々なトピックスについて話すことにより、英語のアウトプットの場にももちろんなりますが、それ以上に自分と違う意見を持つ人と話すことにより、大人にとって大事なインプットの場にもなります。私はその日に参加した英語ステーションのイベントの後に、いつも子どもたちに「マミーは、今日は〇〇を学んだよ」とか「今日〇〇について考えさせられたよ」と常に楽しく伝えています。オリビアはイベントで楽しく発言をしている私を真似して、かわいく指を立てながら相手を説得しようとしているかのように話しています。

Q 10

子どもにいろんな価値観に触れさせるために、海外旅行に出かけたり、イベントに連れて行ったほうがよいのでしょうか？

A

もちろんそれは素敵なことだと思います。しかし、毎週末どこかに行くことで、親も子どもも疲れてしまっては元も子もありません。なので無理に、「週末だからどこかに行かないといけない」と自分にプレッシャーを与えないでください。

公園に行ったり、家の中だったり、意外と身の回りにも視野を広げるものが転がっています。そこに気付いていて、話題にできることも大切なことです。

また子どもが興味を持っているものを広げてあげることも大切だと思います。

Q11

子どもは純粋なので、目にしたものを差別的なことと気付かず口に出してしまうことがあります。そう言った時に、どのように理解させればいいでしょうか？

A

もちろん一度では理解ができないと思います。「それを言ったら、誰かを傷つけてしまうんだよ。人は差別されたくないよね」と繰り返し伝えることで、子どもに種が植えつけられると思います。その後大きくなって、実際に体験したり、物語やテレビで見た時に、ようやく自分の中で理解できるようになるはずです。

アレックスも先日、「薄だいだい色は肌色だよね」と突然言ってきました。本書でもお話ししたように「肌色」という言い方は「肌の色は皆同じ」前提での言い方になるので、差別的だと思われています。アレックスはまだ小さいので「それは差別的な表現だよ」と言わないで、次のように伝えました。

「人によって肌の色は違うよね。だから肌色は1種類しかないとは言えないよね。マミーとダディの肌色は違うし、アレックスとオリビアも違うよね」

「差別表現」という概念を教えなくても、なぜ言ってはいけないかを説明したほうが子どもも理解しやすいと思います。

Q 12

今後日本の教育がどれほど変わるかわかりませんが、せっかく「レバイン・メソッド」で自分の意見を言えるようになっても、外で同じようにすると浮いてしまうともったいないなと思ってしまいます。

A

まずは家庭が、子どもにとってなんでも話せる場になることが大事です。そのうえでこれからは、家族でも学校でもない第三の場所を探すのが大事になってくると思います。

親も自分に合うコミュニティに入って学ぼうとしている姿を見せられれば、学校と家庭以外でも自分の意見を言える場所があるんだと、子どもが気付くことができると思います。なぜ第三の場所を見つけることが大事かというと、子どもが自分らしくいられる場所がたくさんあったほうがいいからです。そういう場所がいくつかあれば、仮にどこかで「浮いてしまった」としても、「大丈夫！　素の自分を受け入れてくれる友達がいるから！」と思えるようになります。

Q 13

「ママどう思う？」とずっと聞かれて、正直疲れる時もあります。どうしていますか？

A

そういう時は確かにありますね！　お喋りのアレックスの話が止まらない時がたくさんあって、私自身も「どうすればいいの？」と悩みます。

子どもたちには意見を主張できる人になってほしいので、極力質問に答えるようにしています。ただ、非常に疲れている時には、正直に「ごめんね。今日はママ疲れていて」と伝えています。急に不機嫌になるのではなく、親も正直に自分の気持ちを伝えることが大事です。もちろんパートナーに相談するなど、ガス抜きすることも大事だと思います。

Q 14

父親と母親で意見がまったく違う時は、子どもの前でディスカッションするべきでしょうか、それともいったん大人同士で話して伝えるべきでしょうか？

A

2つの場合があります。それは、子育ての方針についてと正解のない質問についてです。

まず子育ての方針については、夫婦間で先に意見を合わせるべきだと思います。その家のルールが違うと、子どもがどちらを守ればいいかわからなくなってしまうからです。

一方で「正解のない質問」について意見が違う時は、ぜひともお子さんに親同士がディスカッションしている姿を見せてあげてください。いろんな意見があって、しかもお互いの考えや価値観を尊重している姿を見られるのは、子どもにとって良い機会です。

ただ、相手の意見を否定したり、「本当にバカだな」のような批判的な言い方は一切しないでください。子どもは親の姿をよく見ているので、外でディスカッションする時にその真似をしてしまうからです。何度もお伝えした通り、他の人の意見を尊重することは非常に大事なことです。

我が家でも、テレビを観ている時に、夫と私の意見が対立することがしばしばあります。「よく結婚して11年ももっているね」と思えるぐらい意見が違う時もあります（笑）。なので、子どもの前でディスカッションする時には、「マミーはね、ダディと違う意見を持っているからこういうことを言っているの」と子どもにフォローするようにしています。「ママとパパは喧嘩していないよ。ただ意見交換をしているんだよ」と説明するためです。

Q 15

朝の支度中など忙しくて子どもの質問に対応できない時はどうしていますか？

A

答えられない時には、「あとで車の中で話そう」「今度の散歩の時に話そう」など代替案を伝えるようにしています。忙しい時、大人同士であれば「今は時間がないので、あとで話しましょう」と伝えるのと同じです。

Q 16

戦争映画やハロウィンなどが苦手です。自分が好きではないジャンルでも子どもにインプットさせるべきだとは思っていますが、アイシャさんは苦手な分野をお子さんに伝えていますか？

A

大人が見てもグロテスクと思う分野については、映像で見せる必要はまったくないと思いますし、むしろやめてもいいと思います。もし戦争のように、そのテーマを伝えることが大事だと思っているのであれば、絵本だったり、食卓の場だったり、他の方法で子どもにインプットする方法を考えればいいと思います。

　私の場合、苦手な分野については苦手とは言いますが、好きではないという言葉はできるだけ使わないようにしています。なぜなら私自身が父から一度も聞いたことがないからです。彼は、「地球は興味深いものだから、なんでも知ってみたい」という気持ちを常に持ち続けています。とても素敵な考えだと思ったので、私も苦手な分野であっても、興味があるという姿勢を子どもに見せるよう心がけています。

　子どもに好奇心を持ってほしいのであれば、まずは親が好奇心を持つようにしましょう。

Q 17

子どもを優先してしまい、子どもの起きている時には自分の好きなことができません。アイシャさんの家ではどうしていますか？

A

我が家では、好きなことは時間をとってやらせてもらうようにしています。自分を殺して１２０％子どもにしか力を注がないと、子どももそれに気付きますし、人間って自分らしく生きていかないものなんだと思ってしまいます。

もちろん子どものことを放っておいて、自分の好きなことだけをするのは違うと思います。ですが、自分がやりたいことは、一言子どもに断りを入れてから取り組むようにしています。親だからといって、すべてを犠牲にする必要はないと思います。

ただこれはあくまで我が家のやり方なので、ご自身の家族に合った方法を取っていただきたいです。

おわりに

どんな文化でも、どんな言語でも、どんな国でも、親は我が子にとって何がベストの選択であるのか常に悩んでいます。それは誰しもが感じていることですし、あなただけの悩みではありません。

そんな中でも一つだけはっきりしていることがあります。

それは、子どもたちに幸せになってほしいという本能的な願いです。子どもたちの心からの笑顔を見た時に、私たちは親としての役割を果たせたと満足できるのです。

では、子どもを幸せにする最善の方法とは何かと考えると、彼らが自分自身の声を見つけることだと、私は信じています。そのためには客観的に周りの世界を見て、それに基づいた賢明な選択ができるという自信を子どもたちに持ってもらう必要があります。

誰かの意見に合わせるのではなく、自ら選んだ道を自分らしく歩んでほしいのです。これが誰にとっても一番「幸せ」なことです。

だからこそ本書では、「自分で考え、自信を持って伝えきる力」を身に付ける方法についてお伝えしてきました。

この大事なスキルは、学校ではなく家で教えることが必要です。学校の先生より、親にこそ適した役割です。なぜならば親は、「何があっても自分は愛され、尊敬されているんだ」と子どもたちを安心させることのできる唯一の存在だからです。この計り知れない愛こそが、子どもたちの真の自信を生みます。

この世界は子どもたちのものでもありますし、将来に彼らが作っていく世界です。ですから、大人も子どもと共に、これからの彼らが過ごす世界のために毎日良い行いをして、より自己成長するために日々努力しなければなりません。

親として、子どもと一緒に成長することを忘れてはいけません。親たちである私たちが成長することで、子どもたちも果てしない目標に向かって進み続けることができるのですから。

参考資料

（１）The lessons we can learn from Asian American success（https://www.gse.harvard.edu/news/uk/17/04/other-achievement-gap）

（２）Top US Private Schools with the Most Graduates Getting Into Ivy League Universities（https://www.thestreet.com/personal-finance/education/top-us-private-schools-with-the-most-graduates-getting-into-ivy-league-universities-13325695）

（３）令和元年度私立高等学校等初年度授業料等の調査結果について（https://www.mext.go.jp/b_menu/houdou/2019/1412179.htm）

（４）Private School Enrollment（https://nces.ed.gov/programs/coe/indicator_cgc.asp）

（５）PISA 2018 Results（https://www.oecd-ilibrary.org/sites/5f07c754-en/index.html?itemId=/content/publication/5f07c754-en）

（６）新しい学習指導要領の考え方（https://www.mext.go.jp/a_menu/shotou/new-cs/__icsFiles/afieldfile/2017/09/28/1396716_1.pdf）

（７）Harvard Business Review: Montessori schools promote innovation and creativity（http://www.wildwoodmontessori.com/harvard-business-review.html）

（8） Patterns of Mobile Device Use by Caregivers and Children During Meals in Fast Food Restaurants（https://pediatrics.aappublications.org/content/early/2014/03/05/peds.2013-3703）

（9） Neural evidence for enhanced attention to mistakes among school-aged children with a growth mindset（https://www.sciencedirect.com/science/article/pii/S1878929316302183）

（10） Why does the Lidcombe Program for childhood stuttering work: a case of “words will never hurt me” ?（https://bit.ly/2GMTBrv）

（11） CAF World Giving Index 2018（https://www.cafonline.org/about-us/publications/2018-publications/caf-world-giving-index-2018）

アイシャ・レバイン（Aishah Levine）

1979年アリゾナ生まれ。9歳で目にした「茶道」に魅了され、日本に興味を持つ。アリゾナ州立大学時代に広島修道大学へ留学。アリゾナ州立大学金融学部卒業後、京都府亀岡市役所に3年間勤務。その後、大手広告代理店に入社し、外資系企業を担当。2010年日本人の夫と結婚。2017年、日本人に生きた英会話を教えるために始めたYouTubeチャンネル「バイリンガルベイビー」は登録者数35万人を超える。一男一女の母。

YouTubeチャンネル「バイリンガルベイビー」
https://www.youtube.com/channel/UCHBnOMB61Xe9eT4oSs3B_NQ

BBショップ
https://shop.bilingualbaby.jp/

親から始まる「正解のない時代」を生き抜く世界基準の子育て

2021年6月20日　第1刷発行

著者	アイシャ・レバイン
発行者	島野 浩二
発行所	株式会社双葉社 〒162-8540 東京都新宿区東五軒町3番28号 電話 03-5261-4804（編集部） 03-5261-4818（営業部）
印刷・製本	中央精版印刷株式会社
ブックデザイン	喜來詩織（エントツ）

乱丁・落丁の場合は送料双葉社負担にてお取り替えいたします。
「製作部」あてにお送りください。ただし、古書店で購入したものについてはお取り替えできません。電話03-5261-4822（製作部）
定価はカバーに表示してあります。
本書のコピー、スキャン、デジタル化等の無断複製・転載は著作権法上での例外を除き禁じられています。本書を代行業者等の第三者に依頼してスキャンやデジタル化することは、たとえ個人や家庭内での利用でも著作権法違反です。

ISBN 978-4-575-31626-1　C0037　©Aishah Levine 2021